共同体的建构

社会治理的逻辑

Community for Social Governance

傅李琦 著

当代中国出版社
Contemporary China Publishing House

图书在版编目(CIP)数据

共同体的建构：社会治理的逻辑 / 傅李琦著. --
北京：当代中国出版社，2024. 1
ISBN 978-7-5154-1323-5

Ⅰ. ①共… Ⅱ. ①傅… Ⅲ. ①社会管理－研究－中国
Ⅳ. ①D63

中国国家版本馆 CIP 数据核字(2024)第 034489 号

出 版 人　王　茵
责任编辑　徐　芳
责任校对　贾云华　康　莹
印刷监制　刘艳平
封面设计　郝志燕　鲁　娟
出版发行　当代中国出版社
地　　址　北京市地安门西大街旌勇里 8 号
网　　址　http://www.ddzg.net
邮政编码　100009
编 辑 部　(010)66572154
市 场 部　(010)66572281　66572157
印　　刷　中国电影出版社印刷厂
开　　本　710 毫米×1000 毫米　1/16
印　　张　16 印张　1 插页　191 千字
版　　次　2024 年 1 月第 1 版
印　　次　2024 年 1 月第 1 次印刷
定　　价　54.00 元

前　言

党的二十大提出要建设人人有责、人人尽责、人人享有的社会治理共同体。这是对党的十八届三中全会提出“创新社会治理体制”的发展，意味着中国从“社会管理”转入“社会治理”后，再次演化的新局面。

社会治理并不是简单地对西方治理方式的照搬照抄，而是中国社会治理的又一次与时俱进的理论创新。“社会管理”与“社会治理”虽然只有一字之差，却代表着从理念到实践的变化和创新。

从“社会管理”转入“社会治理”已经是大势所趋。在改革开放的伟大进程中，中国首先进行的是政企分开，也就是首先推动市场部门的发展。但随着改革开放的不断深入，各种各样的社会组织和民间团体不断涌现，社会部门的力量也逐渐加大。因此，必须要对社会部门的治理加以着重考虑。更重要的是，由于改革的深入，社会主体之间的阶层已经发生了深刻的变化，同时社会主体之间的利益格局也有明显差异。因此，仍然简单地采取社会管理的办法显然已经不能满足社会建设的新要求。

要建设社会治理共同体，必须要搞清楚社会治理的概念。“社会治理”一词最早见诸党的十八届三中全会审议通过的《中共中央关于全面深化改革若干重大问题的决定》（以下简称《决定》）。在该《决定》的“创新社会治理体制”部分有一个概括：“创新社会治理，必须着眼于维护最广大人民根本利益，最大限度增加和谐因素，增强社会发展活力，提高社会治理水平，全面推进平安中国建设，维护国家安全，确保人民安居乐业、社会安定有序。”①

必须正视的是，社会治理概念的形成，是政界和学界互动的结果。在党的十八届三中全会之前，这个互动分为三个阶段。

第一阶段，“社会管理”概念在政界的提出与学界的初步梳理。在“社会治理”概念提出之前，在官方文献或者学术界的文献当中，一般使用的是一个类似的概念——“社会管理”。“社会管理”这个词虽然早已有之，但是它正式在官方文献和学术界中为人们逐渐接受是在2003年的“非典”之后，因为“非典”的爆发给整个中国社会带来了极大的影响。2003年7月28日，胡锦涛在全国防治非典工作会议上的讲话中指出，在面向长远发展要抓好的九个问题时，提出“要进一步加强社会管理体制建设和创新”②，重点是解决各种社会突发问题，这是《胡锦涛文选》（第二卷）中首次出现“社会管理”一词。随后，在2003年10月14日党的十六届三中全会通过的《中共中央关于完善社会主义市场经济体制若干问题的决定》中，从完善社会主义市场经济的视角提出完善政府社会管理职能，但此时的“社会管理”主要具有维持社会秩序的作用。在2004年9月19日党的十六届四中全会通过的《中共中央关于加强党的执

① 《中共中央关于全面深化改革若干重大问题的决定》，《人民日报》2013年11月16日。
② 《胡锦涛文选》（第二卷），人民出版社2016年版，第70页。

政能力建设的决定》中首次提出“建立健全党委领导、政府负责、社会协同、公众参与的社会管理格局”①。由此，单一政府管理的模式被打破，突出了政府、社会和公民的协同管理，标志着党和政府对社会管理认识的深化。至此，社会管理从维护社会秩序，即针对敏感、边缘、不稳定群体管控的行为转变为更宽广的领域的管理，人们对社会管理的认可程度才趋于上升。

随后，学界便对“社会管理”的概念进行了梳理。一般的看法是，广义的“社会管理”指的是整个社会的建设和管理，即包括政治子系统、经济子系统、思想文化子系统和社会生活子系统在内的整个社会大系统的建设和管理。狭义的“社会管理”则指的是与政治、经济、思想文化各子系统并列的社会子系统的建设和管理。这里的“社会”指的是作为整个社会这个大系统中一个子系统的狭义的社会。

第二阶段，“社会管理”在政界的明确与学界的探索。由于学界的梳理，政界在“社会建设”和“社会管理”的话语体系中作了调整。到党的十七大之后，社会建设与社会管理正式被区分为两个不同的范畴，社会建设与经济建设、政治建设、文化建设并列为四大建设，关于社会管理的作用则被表述为“完善社会管理，维护社会安定团结”②。

对应的，对于社会管理，学界从此便从狭义的角度进行表述，主要的观点有两个。第一种观点认为，狭义上的社会管理，一般与政治管理、经济管理相对，指的是对社会公共事务中除了政治统治事务和经济管理事务以外的那部分事务的管理与治理。③ 第二种

① 《中共中央关于加强党的执政能力建设的决定》，人民出版社2004年版，第25页。

② 《中国共产党第十七次全国代表大会文件汇编》，人民出版社2007年版，第39页。

③ 参见何增科《论改革完善我国社会管理体制的必要性和意义——中国社会管理体制改革与社会工作发展研究之一》，《毛泽东邓小平理论研究》2007年第8期。

观点认为，社会管理是指在社会治安、信访和公共安全工作方面，主要目标是维护社会秩序和稳定、营造良好社会环境。[①] 虽然这些表述把“社会管理”局限在社会领域的工作中，但后一种概念明显更为具体，它主要与“维稳”联系起来。

第三阶段，政界的“社会管理”呈现“治理”倾向与学界的跨学科引入。2012 年召开的党的十八大明确提出：“要围绕构建中国特色社会主义社会管理体系，加快形成党委领导、政府负责、社会协同、公众参与、法治保障的社会管理体制，加快形成政府主导、覆盖城乡、可持续的基本公共服务体系，加快形成政社分开、权责明确、依法自治的现代社会组织体制，加快形成源头治理、动态管理、应急处置相结合的社会管理机制。”[②] 而学界为了区别这种带有“治理”意义的管理，借助新的公共管理理论中的“Governance”一词来表述这种管理，最终将其译为“治理”。至此，社会管理实质是借管理之名，行“治理”之事。

直到党的十八届三中全会之后，“社会治理”正式成为政界和学界的共识。大体而言，“社会治理”的特征可以表述为“多元”与“互动”。“多元”是指整个社会当中存在着不同的参与治理的主体，并不是由政府一家对整个社会的运作进行指挥，各种社会主体都具有社会治理的发言权。“互动”是指所有的社会主体之间的利益关系是上下联动的或者是系统联动的，这种联动之间可以实行一定的利益关系调节，使整个社会治理措施能够照顾到所有社会主体的利益关系。

可见，“社会治理”的本质是“疏导”。仅从词汇的角度来

---

① 参见蓝志勇《论社会治理体系创新的战略路径》，《国家行政学院学报》2016 年第 1 期。

② 《坚定不移沿着中国特色社会主义道路前进 为全面建成小康社会而奋斗——在中国共产党第十八次全国代表大会上的报告》，人民出版社 2012 年版，第 34 页。

说，“管理”是自上而下的资源配置，是“强行”的资源安排，社会管理的对象在一般情形下只能被动地接受社会资源的安排，需要化解社会矛盾时，要进行自上而下的权力干预。而“治理”则是强调多样态的资源配置，强调社会资源可以来自社会的各个领域、各种社会主体。对于社会主体的力量冲突和利益之间的矛盾，应该加以合理协商，并不是简单的“强行”的资源安排。

“疏导”会造成社会的再组织。如果允许资源自然流动，那么相应的资源就会向着成本最低、效益最大的方向流动。其中，利益相似、价值相近的社会主体，会自然地趋向结合，以便追求社会建设当中群体利益的最大化。这种结合的方式略微类似于德国社会学家斐迪南·滕尼斯（Ferdinand Tönnies）的“共同体”——共同体是自然形成的，具有天真性、同质性、共同性特征。

党的十九届四中全会提出：“必须加强和创新社会治理，完善党委领导、政府负责、民主协商、社会协同、公众参与、法治保障、科技支撑的社会治理体系，建设人人有责、人人尽责、人人享有的社会治理共同体，确保人民安居乐业、社会安定有序，建设更高水平的平安中国。”① 这是社会再组织的新时代创新，这就意味着社会成员之间更加强调主体平等地位，命运共担，人人有责，同时强调主体意识，人人尽责，关注行动实践。简单地说，就是要提高全体社会成员的“同质性”，“共同富裕”就是描述这一目标的重要表现。

回顾历史，“共同体”早已有之。在中国人的传统思想当中，一个典型的理想社会就是“大同社会”。“大同社会”理想不断激励着中华民族为之奋斗。在西方社会，以“理想国”为形式，也曾创造

① 《中国共产党第十九届中央委员会第四次全体会议文件汇编》，人民出版社 2019 年版，第 12 页。

了“共同体”理想。就西方理论而言，滕尼斯较早地创设了“共同体”理论，其初始意涵是指自然形成的和整体本位的公社、村社（Commune）或社区（Community），这类“共同体”主要靠熟人之间的“闲言碎语”来调节成员行为，进而维持社会系统稳定。在滕尼斯看来，人类社会的两种存在形态——“共同体”和“社会”。“社会”的人群形态中，人人为己，人人都处于同一切其他人的紧张状况之中。他们的活动和权力的领域相互之间有严格的界限，任何人都抗拒着他人的触动和进入，触动和进入立即被视为敌意。不过，在滕尼斯理论之外，还存在一种“大共同体”，它是非自然形成的、比宗族和村落更大的集体主义力量，它可以对熟人之外的各种个人进行集体辖制。马克思讲的那种“亚细亚国家”，以及我国近代以来的沿海发达农村大多属于这类共同体。后一种“大共同体”概念，追求社会主体需要的“最大公约数”。

新时代，党在社会治理的创新中提到的“共同体”，可以视为“共同体的建构”。改革开放后，我们反复强调要吸收一般人类文明成果，它既包括从历史走来的，也包括从现代化的其他文明领域转化而来的成果。不同的是，“社会治理共同体”是站在“两个一百年”的关键接续期提出来的继承式创新，也是对社会主要矛盾的回应。相信这一设计最终会为新时代国家治理创造伟大的建设动力。

目　录

第一章

共同体的本质：社会治理的理论根源

中国共产党不断深化社会治理规律认识，创新社会治理的理论，形成了社会治理共同体的理论成果，推动了社会治理实践的深度发展。而社会治理理论的创新，源于中国共产党人正本清源和海纳百川的根基性理论探索。基于马克思主义的探索，可以回溯到马克思关于自由人联合体的思想，吸收了马克思主义人民观和历史观。基于中华文明的探索，坚持把马克思主义精髓与中华优秀传统文化精华融会贯通，坚守中华文化立场，吸纳了“天下大同”的中国梦想。基于人类共同文明的探索，坚持合理借鉴人类文明一切优秀成果，博采众长和兼收并蓄，在交流借鉴中不断发展完善。挖掘社会治理的理论根源，是审思“共同体”何以成为社会治理理论内源的重要切入点。

2012 年 12 月 6 日，中共中央总书记习近平在北京人民大会堂同在华工作的外国专家代表亲切座谈时，指出国际社会日益成为一个你中有我、我中有你的命运共同体。此后，“共同体”的论述主要运用在国际关系和人类命运中。到 2019 年 1 月 16 日，习近平总书记出席中央政法工作会议并发表重要讲话时指出：“要完善基层群众自治机制，调动城乡群众、企事业单位、社会组织自主自治的积极性，打造人人有责、人人尽责的社会治理共同体。”① “共同体”的论述逐步拓展到社会治理领域。党的二十大报告在论述“社会治理共同体”时，在“人人有责、人人尽责”之后，加上了“人人享有”这一关键词。由此可见，共同体理论融入社会治理是中国共产党人理论创新的结果。当然，这种创新并非无根之木、无源之水，其理论的根源奠基在马克思主义、中华文明和人类文明的探索历程之中。

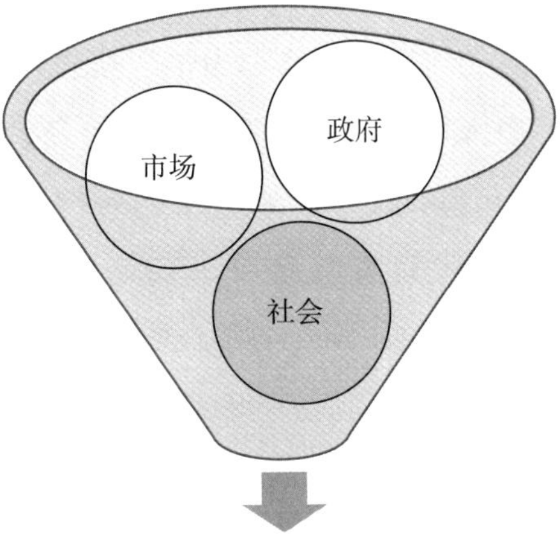

图 1.1　政府、社会、市场互动结构

① 《习近平在中央政法工作会议上强调 全面深入做好新时代政法各项工作 促进社会公平正义 保障人民安居乐业》，《人民日报》2019 年 1 月 17 日。

第一节　自由人联合体的初级状态

1894年，恩格斯给正在创办《新纪元》周刊的意大利社会主义者朱泽培·卡内帕（Giuseppecenepa）写了一封回信，信中提到，如果要用一句简单的话来概括未来的社会是什么样子，那将是："代替那存在着阶级和阶级对立的资产阶级旧社会的，将是这样一个联合体，在那里，每个人的自由发展是一切人的自由发展的条件。"① 这就是马克思和恩格斯对于未来共产主义的描述，如果把共产主义也看成一种宗教信仰的话，那么自由人联合体就是马克思和恩格斯所讲的共产主义的天堂。

马克思和恩格斯用自由人联合体对共产主义的概括，表明了不同的社会主体在新的社会形态条件下，相互有机地团结起来。每一个人都从事自己喜欢的职业，最终都为整个社会作出了重要的贡献。长期以来，关于自由人联合体的理论往往被研究者所忽视，从自由人联合体之于共产主义的意义来看，中国共产党只要坚持共产主义，那就意味着其必然要为奔赴自由人联合体而不断努力。所以，自由人联合体本身所蕴含的社会治理意蕴，就关系着中国特色社会主义社会治理的特色和特征所在。从自由人联合体来看，中国特色社会主义社会治理的特色表现了人民共同体的主要内涵。

一、人民利益至上

人民共同体提倡人民利益至上，社会治理始终把人民的利益看成终极目标。要理解中国特色社会主义社会治理中围绕自由人联合

① 《马克思恩格斯选集》（第一卷），人民出版社1995年版，第294页。

体的人民利益至上概念，可从以下三个方面切入。

（一）人民的界定

社会治理的实质是人民当家作主，让人民来行使权力，对社会的所有资源进行合理的配置。要理解社会治理，首先要对“人民”进行界定。“人民”的原初定义是基于马克思在《法兰西内战》（*The Civil War in France*）当中的论述。马克思认为工人阶级农民和部分中等阶级在巴黎公社时期可以被看成“人民”的主要组成部分，而富有资本家、高级僧侣、大地主等都不属于“人民”的范畴。“人民”被视为支持革命者，（巴黎公社革命）“是使工人阶级作为唯一具有社会首创能力的阶级得到公开承认的第一次革命；甚至巴黎中等阶级的大多数，即店主、手工业者和商人——唯富有的资本家除外——也都承认工人阶级是这样一个阶级”[①]。

按照马克思的界定，“人民”首先要指工人阶级。这是整个巴黎公社当时的社会治理的主导力量。因为整个公社的绝大多数人员是普通的工人，这些工人在巴黎公社成立之后开始担任原来由政府警察局和相关政府职能部门所承担的全部职位。工人在推翻了旧的国家机器之后，建立了新的无产阶级政权。此时，工人开始意识到他们既是统治者，也是被统治者。所以，“人民”也可以被理解为普通的工人。

除此之外，农民也开始被纳入马克思所说的“人民”的组成部分。由于在法兰西内战之后，战后的许多赔偿金，其实是变相地来自农民。从1848年的法国大革命到法兰西内战，农民就是战争赔款的主要受害者，公社的普通工人由此把农民看成自己的一部分，认为农民和普通工人一样都是旧国家机器的受害者。此外，还有巴黎

---

① 《马克思恩格斯文集》（第三卷），人民出版社2009年版，第160页。

公社中的中等阶级，这里主要指除了特别富有的资本家之外的小资产阶级和中等资产阶级，也被视作“人民”的一部分。

由此可见，社会治理当中的“人民”在当时主要指工人阶级，农民和中等阶级。

中国共产党领导中国革命取得胜利以后，建立了工人阶级领导的以工农联盟为基础的人民民主专政的社会主义国家。新中国成立之初，人民主体主要是工人阶级和农民，也包括民族资产阶级、城市小资产阶级等。但随着中国特色社会主义的开创，“人民”的内涵不仅限于工人阶级、农民和知识分子，其他各种阶层也逐步地被纳入“人民”的内涵当中。因此，在中国特色社会主义的视野下，人民的内涵是相对广义和相对抽象的，更多地指向中华民族的基本定义。

（二）人民利益的认定

要理解社会治理中“人民的利益”，还是要回到马克思所讲的国家的利益的代表上来。按照最早马克思的分析，在一般的阶级社会当中，只要分工不是因为自然而形成的，不是因为人民自愿而构成的，最终都会导致国家的产生。伴随国家而来的意识形态是一种与个体的自由人相对立和相排斥的力量，这种力量超出个人的控制范围，直接对于人的个人意志和行为产生直接的影响，压抑人、驱使人、支配人的思想和意志。

所以对于马克思而言，国家表面上代表着整个社会全体成员的利益，但本质上是对于统治阶级利益的维护。国家最早表现为一种虚幻的共同体，或者叫冒充的共同体。它不是真正的利益共同体，国家之所以存在，是因为特定的统治阶级的利益需要被加以保护。因此才会对人民的自由发展形成制约。所以在统治阶级所言的“国家”当中，人民的利益就是统治阶级的利益，只有统治阶级当中的个人，才能享受真正的利益和真正的自由。

马克思由此指出："从前各个人联合而成的虚假的共同体，总是相对于各个人而独立的；由于这种共同体是一个阶级反对另一个阶级的联合，因此对于被统治的阶级来说，它不仅是完全虚幻的共同体，而且是新的桎梏。"① 这句话的意思是指，这不是一个真正的共同体，统治阶级对经济、政治、社会等各方面的统治，使得社会当中人民的自由和人民的利益无法实现。只有实现了真正的共同体时，才有可能使人民的利益得以真正地实现。

马克思所说的真正的共同体就是自由人联合体。在真正的共同体当中，每一个人获得全面发展是一切人自由发展的前提。这就意味着在真正的共同体当中，每一个人都享有在原来预想的共同体中，原来统治阶级享有的一切自由。换言之，真正的共同体就是要把原来被剥夺的剥夺回来。

中国特色社会主义继承并发展了马克思所讲的真正共同体的论述。相对而言，中国特色社会主义社会治理下的人民利益，就是在共同体下使人民拥有更多民生福祉，比如教育、医疗和养老等一切各种社会治理的民生福祉。

（三）对社会治理中人民利益至上的理解

"真正的共同体"（自由人联合体）是马克思主义的终极追求，这是站在要实现全人类彻底解放的角度提出的。马克思主义的整个思想体系都是围绕着如何实现人的全面和自由的解放而奋斗。

马克思和恩格斯在《德意志意识形态》中描绘了这个共同体当中人民的利益状态："而在共产主义社会里，任何人都没有特殊的活动范围，而是都可以在任何部门内发展，社会调节着整个生产，因

① 《马克思恩格斯选集》（第一卷），人民出版社 2012 年版，第 199 页。

而使我有可能随自己的兴趣今天干这事，明天干那事，上午打猎，下午捕鱼，傍晚从事畜牧，晚饭后从事批判，这样就不会使我老是一个猎人、渔夫、牧人或批判者。”①

这句话描述了人民的利益的终极表现，也就是人民在共产主义社会当中享有的最具体的自由（这种自由包括改造自然与社会的自由）。同时，这句话更重要的意义在于它描述了人民利益至上。人在共产主义社会当中的共同体是他对于自己的自由享有一切的支配权，这种支配权可以使他自由切换自己感兴趣的事情。而且，这种感兴趣的事情对于整个社会的贡献也是巨大的。

所以，社会治理当中的人民利益至上，是指在马克思主义的自由人联合体当中，每个人的自由发展是一切人的自由发展的条件。

（四）社会治理中人民利益至上的初级状态

绝大多数的人都明白，按照当前的经济社会发展现状来看，马克思所描述的自由人联合体的理想，还需要相当长的时间才能实现。

回到中国特色社会主义的社会治理中，人民的利益是在有限的空间当中，使得每一个个体获得相对公平的机会。也就是说，尽管资源还没有达到像马克思所描述的生产力极大化的共产主义阶段那样充足，但是，即便在资源相对不够充分的前提下，也要尽量实现人民利益至上。要使每一个个体都能感受到，在中国特色社会主义的社会治理当中享有通过自己努力就能获得的相对公平的自由。即，可以使自己的利益达到相对高的水平，保证这种格局的实现，正是中国特色社会主义社会治理所追求的目标，就是要确保人民利益在现实国情下的最大化。

从前面的表述来看，中国特色社会主义社会治理仍然属于社会

---

① 《马克思恩格斯选集》（第一卷），人民出版社 2012 年版，第 165 页。

主义。但是它没有达到马克思所描述的真正的自由人联合体的终极形态，而是表现为自由人联合体的初级形态。它没有办法迅速达到生产力的极大发展水平，而确保每一个人获得绝对的充分自由，而是要在中国特色社会主义现有的生产力发展水平下，确保社会资源的分配相对公平，从而实现在一定的利益限制下的人民利益至上。

二、人民奋斗实现美好生活

习近平总书记在2018年的新年贺词当中讲到“幸福都是奋斗出来的”①。这揭示了在新时代人民要创造美好生活，维护好自己的利益，就一定要靠全党全国各族人民同心奋斗，为全面建成小康社会和全面建设社会主义现代化国家而不断努力。

（一）美好生活要求更多

时代是出卷人，我们是答卷人，人民是阅卷人。这个时代给中国共产党出了一个新的题目，那就是如何带领人民创造幸福生活。经过了改革开放40多年的努力，不断地开创、捍卫和巩固中国特色社会主义发展的成果，使得社会的生产力、综合国力和人民的生活水平，各方面都取得了历史性的成就，实现了历史性的跨越。特别是党的十八大以来，在全球经济普遍增长乏力和经济危机并未完全过去的大背景下，中国共产党带领中国人民经过了艰苦的努力，实现了经济稳步上涨，并保持经济增长处于合理的区间。根据国家统计局的数据，人民生活持续不断改善，全国人均居民可支配收入实际增速达到了7.4%，城乡居民的收入增速跑赢了经济增长，各项民生指标都逆势上扬。最大的一个成就是，中国完成了脱贫攻坚的重要任务，以平均每年减少1000多万贫困人口的速度，解决了全世界

① 《国家主席习近平发表二〇一八年新年贺词》，《人民日报》2018年1月1日。

最大规模的人口贫困治理问题。

人民对美好生活的向往是中国共产党在新时代的奋斗目标。从这一目标来看，我国的社会主要矛盾已经发生改变。中国特色社会主义进入了新时代，我国的社会主要矛盾已经转化为人民日益增长的美好生活需要和不平衡不充分的发展之间的矛盾。关于社会主要矛盾发生变化的判断，是在党的十九大上提出的。这个重要判断表明，中国虽然仍处在社会主义初级阶段，在相对较低水平的生产力的条件下，要逐步转向满足人民已经开始趋高和趋多的需求变化。须知，中国在改革开放 40 多年后，人们已经跨过了温饱阶段，达到了总体小康的水平，需要对不同人群的不同利益诉求加以满足。所以，新的社会主要矛盾揭示了一个困难：生产力水平在继续发展中，但中国作为世界第一人口大国，在城乡、区域各方面的矛盾仍然比较突出，所以当前改革、发展和稳定的任务依然困难重重，风险挑战十分艰巨。

社会主要矛盾的变化，体现的是中国无法一步就跨越到马克思所讲的自由人联合体当中，从社会主义初级阶段到实现真正的共产主义，恐怕还有非常长的路要走。中国当前的目标是要紧跟中国共产党提出的“两个一百年”奋斗目标，先基本实现现代化，再实现全面的现代化，以确保中国的社会主义初级阶段走得更加坚实，能够满足人民更多的美好生活需要。

（二）幸福不会从天而降

美好生活要求变多，意味着中国共产党以及中国共产党带领下的中国人民需要继续奋斗，幸福不会从天而降。古往今来，坐而论道是不可能得到真正的幸福的，想要创造美好的生活，实现看得着的幸福，就必须通过努力。

一方面，中国共产党不能懈怠。从党的七届二中全会起，中国共产党正式进入北平并执政之后，中国共产党一直在反思，如何才能够做到毛泽东当年提出的“两个务必”，如何能实现在“赶考”路上保证优秀的成绩。而这个答案，就是从自身来讲不能懈怠，从外在来讲要实现民主，实现有效的监督。从中国共产党自身不能懈怠来说，就是要确保中国共产党始终在为人民幸福不断奋斗的路上。

从理论的视角来讲，国外关于权变理论的研究很好地诠释了中国共产党如何通过不同的情境采取不同的行为方式以达到好的领导效果。美国心理学和管理学专家弗雷德·菲德勒（Fred E. Fiedler）在 1962 年提出的权变理论，就可以对这一问题进行有效的解释。权变理论是从三个情境的角度来描述领导力者的行为的。

权变理论当中涉及三个维度：第一个是领导和成员的关系，领导受到成员的接受以及尊重的程度；第二个是从任务的结构程度来看，任务结构的清晰程度；第三个是从领导者的职权大小来区分，主要是正式的权威大小。

简单地说，这三个维度的得分决定了领导的领导风格。当领导和成员的关系亲密度比较低，被领导者比较成熟时，将采取授权式的领导风格；当领导和成员的关系亲密度比较高，被领导者比较成熟时，采取参与式的领导风格；当领导者和成员的关系亲密度比较低，被领导者成熟度相对比较低时，采取告知式的领导风格；当领导和成员的关系亲密度比较高，而被领导者的成熟度比较低时，采取推销式的领导风格。

当前，中国共产党和中国人民的关系亲密度比较高，中国人民对于中国共产党的信任评价水平比较高。同时，改革开放和社会主义现代化建设取得了伟大成就，中国人民的自我治理能力水平提升到了一定的程度，也就是被领导者的成熟度正在不断地加强。按此标准，中国要采取参与式的领导风格，也就是在通向美好生活的前行道路中，中国共产党也不能缺席，也必须要参与到这种伟大的奋斗当中，才有可能取得更多的伟大成果。

另一方面，人民也要努力奋斗。由于中国已经取得了改革开放和现代化建设的许多伟大成就，一些人民群众觉得中国已经取得了不少的成果，因此不需要再像过去那样快马加鞭地建设社会主义。简单来说，就是部分群众的内生动力有所弱化，体现在乡村振兴当中，较为明显的便是有一部分脱贫群众对于继续发展缺乏内生动力。他们甚至认为，脱贫不脱政策就可以使他们保持现有的生活水平，不希望再有更多的改变。但同时他们内心对于美好生活的期望并没有减弱，却总怀有等、靠、要的简单想法，这样是很难使得大家通往美好生活的。

（三）加倍努力加倍幸福

逆水行舟，不进则退。中国特色社会主义虽然是社会主义，但还不是高级的社会主义，更加谈不上共产主义。因此，在中国通往自由人联合体的过程中，这仅仅是一个简单的初级形态。所以，在这样一个初级形态当中盼望着自由人联合体，那么想要获得人所需要的一切成果就需要我们加倍努力，才可能获得加倍的幸福。

改革开放 40 多年过去了，从党的十四大报告来看，“改革开放”出现了 57 次，“现代化”出现了 59 次，相当于讲“改革开放”的时候一定会讲到“现代化”。在党的十五大报告中，“改革开放”出现了 27 次，“现代化”出现了 39 次。到党的十九大报告时，“改革开放”出现了 9 次，而“现代化”出现次数为 49 次。从以上数据来看，“改革开放”在党代会报告中被提的次数在不断减少，其反映的并不是中国的改革开放已经走向停滞，并不是中国改革的内容或者主题越来越少，这恰恰反映的是，中国过去在改革当中容易改的、好改的，都已经改掉了，剩下的都是比较难改的，都是“硬骨头”，比较难啃，其结果就是中国在现代化建设过程中要加倍的努力。

三、人民有限联合

自由人联合体的初级形态，当然不可能立即实现所有的人全部自由的联合。根据建党百年的伟大经验，这就要求首先要坚持中国共产党的领导，才可能实现人民的有限联合，使得在社会治理当中，人民群众围绕着中国共产党进行社会治理。

（一）中国共产党领导人民联合

中国共产党成立 100 多年来，并由此上溯到 1840 年以来的 180 多年的历史证明，中国共产党的诞生使得中国人民有了精神力量，中国的前途命运有了更光明的前景，这是历史对于中国共产党的选择，没有中国共产党就没有新中国，就没有中国式现代化的社会治理。

中国共产党在新的历史条件下，能够领导人民进行联合，最终执政为民，造福于民。

自 1840 年鸦片战争以来，中华民族在这 100 多年当中不断探索和抗争，始终面临着两大历史性任务：一是求得民族独立和人民解放；二是实现国家富强和人民富裕。这两大历史任务当中的后者包含着中国共产党执政之后，领导中国人民寻求实现社会主义现代化的主要目标。人民的富裕不只是物质上的富裕，还有精神上的富裕，物质和精神的双重富裕体现在社会治理上，就是要使人民的生活实现良善治理。

从 1945 年党的七大把“全心全意为人民服务”正式写入党章之后，中国共产党始终坚持全心全意为人民服务的根本宗旨。今天的中国共产党人，始终坚持人民至上，不断实践“江山就是人民，人民就是江山”的信条。可见，在不同时期，中国共产党无论面临何种任务都始终把一切为了群众、一切依靠群众，看成一切工作的主要准则。

在全心全意为人民服务的根本宗旨之下，中国共产党切实回应人民群众对美好生活的需要。具体来看，政府转变了职能，加大简政放权的力度，使得一部分“不作为、慢作为和乱作为”的职能部门转变了为群众服务的作风，使得各式各样的奇葩证明得以消失，各种社会治理的顽疾得到有效的治理。此外，中国共产党还下大力气切实解决环境污染问题，始终坚持“绿水青山就是金山银山”的发展理念。在扶贫道路上，中国共产党做出了绝不落下任何一个贫困群众的庄严承诺。

正是因为中国共产党始终把人民对美好生活的向往当作根本奋斗目标，因此，在发展过程中依靠人民谋发展，极大地激发了人民群众对党的真心拥护，将人民群众联结到自己的身边来。

跳出历史维度来看，在管理学当中存在着一个经典的领导力形成模型。该模型包括六个主要的要素，分别是使命感、决策力、共享性、沟通力、影响力和态度（见图 1.2）。把这些要素集合起来，就形成了领导力。即，领导力是前五个要素和第六个要素相乘的结果。

$$\text{领导力} = \sum \begin{pmatrix} \text{充满理想色彩的使命感} \\ \text{果断而正确的决策} \\ \text{共享报酬} \\ \text{高效沟通} \\ \text{足够影响他人的能力} \end{pmatrix} \times \text{积极的态度}$$

图 1.2　领导力形成模型

中国共产党的领导力正是建立在充满理想色彩的使命感之

上，中国共产党始终把解放全人类看成自己的终身使命，采取的民主集中制原则使其拥有果断而正确的决策力，这种决策力促成了社会主义集中办大事的独特优势。中国共产党始终强调人民创造的成果由人民共享，采取了同形式的高效沟通方式，并通过各种方式影响和引领社会建设的能力。更重要的是，中国共产党始终对于实现中国特色社会主义抱有积极的态度。这几个要素构成的领导力公式当中，反映了中国共产党具有强大的领导和团结中国人民实现社会有效治理的领导能力。

（二）民主协商推动社会联合

在中国共产党的领导下，人民政协等各种民主组织主动开展并推动社会主义民主协商。这是中国的社会主义政治协商制度的良好体现。尤其是人民政协，它作为我国社会主义协商民主制度当中的一个重要平台，不但承担着政治协商、民主监督、参政议政的职能，还在社会治理当中具有不可替代和不可或缺的作用。总的来看，近年来民主协商的独特作用得以发挥，形成了社会治理的新效能。

1. 加强民主协商是推进社会治理现代化的重要手段。改革开放40多年以来，中国共产党在社会治理现代化的探索中不断前行，在理念上已经经历了从社会管理到社会治理的变革，在制度上也不断推进，社会治理创新实现了制度到体系的逐步完善。党的十九大报告明确提出了“现代社会治理格局的基本形成，社会治理充满活力又和谐有序”的目标，明确了共建共治共享的社会治理创新方向。共建共治共享的社会治理新方向，就体现了要将不同的人民群众以更有效的方式，联合到社会治理的总体方向上，要在社会治理领域当中不断地提升人民的获得感、幸福感和安全感，更好地满足人民对美好生活的向往。

当前，在我国现代化不断快速前进的过程中，由于社会变革过快，社会利益呈现多元化，人民的利益表达和权利保障的诉求不断增长，这就使得社会治理的难度不断增加。由此来看，社会治理首先要发挥好各类治理主体的作用，平衡各类社会治理主体的权利和义务关系，而这一点可以依靠民主协商来保障。

党的十八大之后，中国共产党领导的社会主义协商民主通过构建更新颖、更有效的制度化平台，实现了利益表达诉求渠道的畅通，使得各方的利益协调和权利保障都达到了新的水平，从源头上有效地减少了社会治理当中存在的各种矛盾。社会主义协商民主有效地推动了社会治理主体间的多元互动，把原来单纯由政府管理式的一体式监管转向社会不同主体之间协同治理，这就使得社会秩序在有序中推进，又不会影响社会活力的迸发。

2. 人民政协在社会治理创新中发挥独特作用，保障社会联合。人民政协是中国共产党在统一战线当中的伟大成果，是中国共产党领导和团结各民主党派、无党派人士以及各界人民团体和各界人士在政治制度上的伟大创造。人民政协体现了政治上和社会上的一致性和多样性统一，实现了社会治理当中求同存异的总体原则。

新中国成立 70 多年来，在中国共产党的领导下，人民政协始终围绕着团结和民主两个主要主题，服务于党和国家的主要中心任务。特别是在社会治理领域，人民政协不断地发挥其统一战线的独特优势，密切联系群众，紧紧地依靠人民推动了社会治理的前进和发展。

依靠人民政协的社会治理优势，我国在社会治理当中始终体现了人民的意志，保障了人民的权益，并且充分地激发了人民的内生动力。在目前的社会治理领域，人民政协正在成为中国特色社会主义民主政治体制和国家治理体系的重要组成部分。人民政协在新型政党制度当中处于重要的位置。因此，可以通过其民主监督、参政议政的基本职能，使当中具有代表性、有社会影响力、有参政议政能力的社会主体成为推动社会治理的领导者和引领者，推动社会治理创新和更大发展。

（三）社会组织带动联合

社会组织是社会治理当中的一个主要主体，它生成于人民群众当中，代表部分界别的人民群众的利益。在社会治理不断地提倡“小政府”和“大社会”的发展方向的情况下，社会组织由于具有可以协同社会治理主体的新兴力量，其作用和影响力不容小觑，有助于实现社会治理当中的主体联合。

1. 社会组织可以通过主体重塑和服务外包来实现耦合型的治理。由于政府要让出一部分社会治理的职能，社会组织就在这种情况下获得了实现耦合性治理的可能性。社会治理当中确实存在将部分社会职能整体外包给社会组织的情况，通过这种外包可以剥离部分政府性主体的服务职能，并且形成各种社会组织协同治理的新体制。在此过程当中，政府性的社会主体可以实现一部分“去行政化”，将其原来的社会治理执行者职能转变成代理人职能。之后，政府性社会主体可以有更多的时间和精力加强同群众的联系，宣传社会治理的政策，引进社会治理的服务资源，等等。相对的，社会组织在获得外包的社会治理职能之后，由于它自身的社会组织的代表性，使其发挥社会治理的职能更为高效和更具有针对性。

2. 社会组织可以实现人、力、资源三者聚合的多元共治新模式，实现有效但有限的带动联合。社会治理当中，如果引进了一定比例的社会组织，就有利于构建居民参与社会治理自治的多样化组织平台。不同的社会组织代表不同的人民群众的利益，这有利于提高社会治理的组织化程度，激发一部分社会主体积极参与治理的主动性。社会组织虽然可以最大限度地接近群众，整合公共利益和公共意愿，但由于社会主体的利益具有多样性，所以任何社会组织只能有限地代表一些社会利益，从而实现一定程度的带动联合。

3. 社会组织可以提高主体能动性，推动共建共享的动员新模式。由于部分社会组织具有较高的群众认知度，因此，当这些社会组织参与社会治理时，可以有效地改变社会治理主体的治理空间。虽然不同的社会治理主体之间会存在着经济基础、教育程度和文化认同职业等差异，但是社会治理当中存在的社会组织的有效协同，可以提高一部分社会主体的组织化程度，在共同利益的基础上实现共同参与、有效融合、自我管理和自我服务。这种有效的动员模式是基于社会主体参与到社会组织当中才能体现的，但现实当中由于不同的社会组织代表针对性的利益，使得它会产生社会组织的排外性，从而导致所有的动员都是具有局限性的。

须知，中国特色社会主义治理当中的新共同体内涵体现在自由人联合体当中，仅仅是自由人联合体的初级形态，这种初级形态意味着生产力还无法达到最高形态，使得社会资源仍然处在相对稀缺和相对分布不均的情况下。因此，我们需要客观地看到中国特色社会主义治理并非易事，难以一蹴而就地实现最优的社会治理格局，而是要采取一种新共同体的形式。这种新共同体体现在：要把人民的利益放到最高的位置，不断地奋斗，采取一定条件下的有限联合，尽可能实现共建共治共享。

第二节　“天下大同”的中国传统梦想

1990年12月，在费孝通先生80岁寿辰的聚会上，他作了一个题为《人的研究在中国——个人的经历》的演讲，提出了十六个字的理念：“各美其美，美人之美，美美与共，天下大同”。此理念实际上已经全文发表在1990年第十期的《读书杂志》上，这就意味着费孝通先生对此问题思考已久，这十六个字是费孝通先生第一次完整和准确地在学术界提出来，这是中国学者对于人类前沿问题的一个深度思考和一个研究标杆。

习近平总书记在多次谈话中都曾引用过费孝通先生“各美其美，美人之美，美美与共，天下大同”这十六个字。在2019年亚洲文明对话大会上，习近平总书记在讲话中称：“坚持美人之美、美美与共。每一种文明都是美的结晶，都彰显着创造之美。一切美好的事物都是相通的。人们对美好事物的向往，是任何力量都无法阻挡的！各种文明本没有冲突，只是要有欣赏所有文明之美的眼睛。中国既要让本国文明充满勃勃生机，又要为他国文明发展创造条件，让世界文明百花园群芳竞艳。”①

这十六个字实际上也可以应用在社会治理上。社会治理的新共同体，一个基本内涵实则就来自于天下大同的中国传统梦想。对照这十六个字，实际上可以把社会治理的新共同体拆解为三个部分。在中国古代传统思想当中，儒、墨、道、法是其中比较著名和影响较大的四个学派，所以此处会从这四大学派切入并兼顾其他学派进行分析。

---

① 《十九大以来重要文献选编》（中），中央文献出版社2021年版，第81—82页。

一、各美其美

“各美其美”主要是讲解决社会治理当中存在的多样性问题。世界上没有相同的两片叶子，无论是自然界还是社会个体之间都存在差异，要在这种差异之间寻找共同点，一个重要的办法就是使得每一个差异点都找到各自的利益协调点。

（一）儒：君子与小人之别

在儒家学说中，最典型的人与人的差异就是君子和小人。《论语》中经常提到君子和小人，孔子对于学生的期望或者对社会的期望就是人人可以成为君子。《论语》当中所讲到的君子和小人一般有两重意义：一种是身份等级，另一种是道德修养。从身份等级的角度来看，古代宗法制度规定，长者为尊，其他次之，以此为标准，君子和小人可以得以区别。君主的儿子可以被称为“君子”，次子、庶子虽然不能继承爵位和血统，只能为臣，但他们也比一般老百姓有地位，被称为诸侯、大夫、士人。在经过几代之后，这些人的孩子逐渐转为平民，被称为“小人”。从道德修养角度来看，君子和小人的追求是各有不同的，君子喻于义，小人喻于利。这就是社会治理当中人与人最基本的区别。

但是儒家所说的君子和小人并不是绝对化和静态的，两者之间是相对的并且存在动态转化关系的。从绝对的角度来看，结合义利之辨，君子也非完全不要利，小人也非完全不讲义，所以他们之间还有一个尺度把握的问题。人性中存在着“求富贵”和“恶贫贱”的秉性，君子和小人的区别不在于是否追逐利，而在于是否在正道上追逐利，即“富与贵，是人之所欲也；不以其道得之，不处也”。从动态转化关系来看，君子的道德需要终身养成和学习，“君子无终食之间违仁”。

正因如此，孔子才会强调礼。礼的本质就是“各美其美”。从宗法制度的角度来看，君子和小人或天下人要按照孔子想象中的周礼去做各自适合的事情，循规蹈矩，各守本分，从此天下太平。即便从道德的角度来看，孔子也完全理解君子和小人各自的区别，他只是希望人人向君子看齐，在道德上达到更高的标准而已。

（二）墨：人人平等

墨家学说当中提倡的“各美其美”主要表现为四个方面，此处将与儒家学说加以对比说明。

儒家学说强调的是为统治者服务，而墨家学说提倡的是平民权利。在儒家学说当中，孔子希望儒家文化成为统治阶级的治国之道，所以儒家文化强调的是大一统和君臣父子论，其本质是建立在君子和小人之间存在着不同差异上，君子作为统治阶级要学会施行仁政，而老百姓要遵守教化，君子和小人各自按照职能分工在社会中合作。而墨家是诸子百家当中的一个平民学派，其学说大多尝试维护平民的权利，所以广泛受到底层人民的支持。墨家学说提倡的是平民的权利不应该受到统治阶级的礼法教化的影响而受到剥夺。

儒家学说强调的是阶级社会，而墨家学说追求的是平权社会。儒家学说认为，社会必然按照一定的等级和礼法来区分人，人是有贵贱尊卑之分的，所以才会有君君臣臣，父父子子等不同级别的差异。而墨家学说认为“官无常贵，而民无终贱”，不管是平民还是贵族，甚至是国君，都应该一视同仁，而统治阶级从天子、国君到各级的官吏，都应该根据个人的能力和贤能的程度去确立，追求的是一种无差别的平权社会。

儒家学说强调的是有差别的爱，墨家学说强调的是无差别的爱。儒家认为，人与人之间要重视义而忽视利，提倡一种道德上的关爱。墨家则认为人和人之间要讲究互利，没有利益连接的关系是一种不稳定的关系。

（三）道：人随其性

道家是最提倡“各美其美”的学派，其主张要对万事万物的天性加以尊重，任其自然。因此，就社会治理而言，就是不应该压抑任何人的个性，此处与墨家的学说加以比较。

墨家学说认为“尚贤”，而道家学说主张“无为而治”。所以墨家学说主张在人人平等的基础之上，国家应该交给贤能的人去治理，而不是世代相传，有一定的能力就要承担一定的责任。由于墨家本身代表的是平民阶层，所以不得不寄希望于圣贤之人治国。而道家学说则反复提倡无为而治。《道德经》中说：“不尚贤，使民不争；不贵难得之货，使民不为盗。”道家认为，人的各自天性不同，如果你采取任何方式进行提拔或者选举，这就使人在特定的利益关系之下产生一种争斗，这就改变了人各随其性的情况，改变了“各美其美”的自然情况。

墨家认为要讲功利主义，而道家认为要淡然相处。墨家是始终强调公立的，是积极入世的一种思想学派，它们为了实现理想还试图创造一个“兼爱互利”的理想社会。而道家认为应该摒弃物欲，因为很多人内心的这种物欲是与自然的本性相对立的，只要你在现实社会当中设立了一定的物欲，人就很难去摆脱为物所累的情形，所以道家始终主张要摆脱“生死”“祸福”“名利”等各种社会世界的标签。

道、墨两家之间也有相同点，比如他们都反对战争，主张和平，墨家特别反对“不义之战”。墨家最为典型的说法就是“非攻”。“非攻”就是认为战争对于双方来说都是百害而无一利的事情，要让对方按照设想好的方式去发展，而不应该以战争或者强力的手段去改变。道家学说也同样认为无论国家大小都应该和平相处，发动战争对于自然和社会是一件极具破坏性的事情，战争过后休养生息是一件完全必要的事情。

（四）法：人性自私

法家学说主张人性自私，推崇“法、术、势”的能人去进行治理。此处与道家相比进行分析。

道家认为人性“自然”，法家则认为人性自私。道家所说的人性“自然”不是现代人所说的饮食男女之自然本能，而是指人的生命的本真状态的最高境界，这种人的自然本性源于道家所说的万物的终极的道，宇宙的本源。也就是说，人性当中有一种与天地同在的纯真状态，这种人的纯真状态很容易在社会的发展中受影响。法家认为人性的核心在于利益，人的一切活动都是要追求名利，人的本性是趋利避害。所以在法家的人性伦理当中，每一个人都要做对自己有利的事情，满足自身的利益需要，人与人之间的这种利害关系构成了社会关系。

道家对于理想人格的标定是圣人，而法家则认为理想人格是“法、术、势”的能人。要实现“各美其美”，对于道家来说就是找到一个真正能够懂得道，懂得自然的人，他们只会追求“小国寡民”的状态，对于人民的生活不加干扰，使其甘其食，美其服，乐其俗，老死不相往来，人与万物自然本真相处。法家则认为要建立一个人各自实现能力的国度，才有可能使得社会正常运行。所以，缺乏一个有“法、术、势”的能人，社会的运行必然受阻，因为人和人之间会为了各自的利益相互争斗，反而会影响社会的正常和稳定。

道家认为要无为，而法家认为要“自为”。道家认为要追求“各美其美”，首先就是各自不必过多地去追求世间的物欲，而是要做到把生死、善恶置之度外，找到人的根本价值，把那些规定人应该如何去做的礼节全部都抛开，使社会回归到人类社会的自然状态。

法家则反对这样的观点，认为只有在名利的争斗当中才能够实现个人的价值，名利的多少与人的价值是成正比的。所以法家反复强调要“自为”，认为只有通过积极主动的方式，才有可能获得证明自身价值的可能。

从中国传统的四大学派来看，尽管各学派所提倡的“各美其美”各有不同，但本质上存在着相同之处。相同之处主要体现在以下三个方面。

一是它们都希望建立一个合理有序的秩序。尽管该秩序从儒、墨、道、法各学派的角度来看各有不同，但从根本上而言，它们都希望社会或者国家在一个平稳安定的秩序中有序前进。无论是君子还是小人，无论是君主还是平民，无论是为了追求自然还是追求利益，人们可以在一个安静平稳的秩序当中获得内心与物质上的所求。

二是它们都希望所有人实现各自的利益。这就是“各美其美”在中国传统学派中最大的共同点之一。无论儒、墨、道、法各学派如何讨论各自的利益差别，或者如何实现利益的方式，这些学派都没有把伤害其他人的利益看作成就自身利益的办法。也就是都往往建立在帕雷托最优①的基础之上，自身的利益获得并不以伤害其他人的利益为前提。

三是它们都寄希望于一个兼顾所有人利益的治理者。这些学派无论对于治理者的观点和能力有何看法，其共同点都是希望能找到一个兼顾所有人利益的治理者。在此情形下，所有人按照不同的方式展开治理，但是这个治理者不会使得其中一方的利益受到损失。

所以，从中国传统文化角度来看中国所讲的“天下大同”理念，很重要的一点便是它始终兼顾所有人的利益，只是在实现所有

① 帕雷托最优是指资源分配的一种状态，在不使任何人境况变坏的情况下，不可能再使某些人的处境变好。——作者注

人的利益的具体方式上存在差别。这种以人为本、把人民的利益看成最高利益的做法与马克思主义所提倡的实现人的全面自由、解放的总体原则是一致的。

二、美人之美

与“各美其美”不同，“美人之美”指的是对于他人利益和特点的尊重，从费孝通先生的说法来看，就是要对其他民族文化给予尊重。在社会治理当中，通过对他人利益和特点的尊重，可以使得整个社会治理共同体达到和谐与平衡。“各美其美”主要强调的是对于自身利益和特点的自我尊重和自我实现。正是因为有了对自身利益和特点的自我尊重和自我实现，才有了对他人利益和特点的尊重，前者是后者的前提，后者是前者推动社会和谐的一个重要目标。

（一）儒：通达他人

在传统的儒家学说当中，“各美其美”是希望不同的个体尊重自身所处的层级和等级，满足于自身特定的礼仪，但“美人之美”却是在个人能力的范围之内，尽可能地惠及他人。对于“美人之美”的理解，往往可以借助于以下两句话。

1.《论语·公冶长》有言：夫仁者，己欲立而立人，己欲达而达人。一个真正的君子，一个真正怀有仁心的人，首先自己要行得稳、站得正，在看到别人摔倒的时候也愿意去扶他。或者说，自己首先能够腾达、发展，然后看到别人遇到困难的时候也愿意去帮助别人腾达和发展。孔子在《论语》当中极力描述了“仁治天下”的雄心壮志，这是从儒家“五常”的“仁、义、礼、智、信”的道德准则中，抽取出最典型的“仁”作为道德的首要标准。所谓的“仁”，是指两个以上的人，类似于社会当中“群”的存在，人与人之间的这种关系，是理想社会中最高的道德标准。要以这种道德标准去处理两人以上的关系，而不是处理个人关系，这种两人以上的关系的处理或者解决，实际上就是孟子所说的“穷则独善其身，达则兼济天下”。

2.《礼记·大学》中有言：古之欲明明德于天下者，先治其国；欲治其国者，先齐其家；欲齐其家者，先修其身；欲修其身者，先正其心；欲正其心者，先诚其意；欲诚其意者，先致其知。致知在格物。物格而后知至，知至而后意诚，意诚而后心正，心正而后身修，身修而后家齐，家齐而后国治，国治而后天下平。就是说，一个人做好了基本的事情之后，应该向外通达，也就是修身、齐家、治国、平天下。随着一个人的能力不断扩展，其责任也不断增加，使得个人的能力与责任相匹配。从社会治理层面来说，就是将个人的能力尽可能地用于社会治理，去实现天下和谐。

习近平总书记曾在多个场合谈及儒家关于“修身、齐家、治国、平天下”的家国情怀。2016 年 10 月 14 日，人民日报刊发的《习近平总书记的文学情缘》当中，还曾披露了习近平总书记在文艺工作座谈会上脱稿讲述的 15 个故事，体现了习近平总书记对这一家国情怀的高度重视。

家国情怀不仅仅被简单运用于中华民族伟大复兴的道德号召当中。在社会治理当中，人与人之间的这种关系，本质上就是家国情怀的一个体现。尊重身边的每一个人，包括家庭、社会上的人和世界上其他不同种族不同信仰的人，都应该被纳入这种关系当中。这种体现了人与人之间和谐相处的关系——一个道德情操高尚的人应该是一个懂得尊重理解并趋向于实现他人利益和需要的人，实质上是社会治理所需要的人与人相处的基本法则。

（二）墨：“利天下”

墨家学说所讲的“各美其美”，本质上指的是每一个个体对于自身与他人并无差别的尊重。而墨家学说所讲的“美人之美”，则是强调每一个个体在平等的条件之下，如何对他人做出有效的输出。从墨家的学说来看，主要的核心观点在于三个字：“利天下”。

墨家所说的“利天下”，实际上就是要同时实现“道”和“义”。就是说，既要创造财富，也要把财富公平公正地分配到不同的社会阶层当中，特别是对于社会阶层当中的弱势群体，要对其特别加以照顾，因为墨家所秉持的“利天下”，本身就是从平民阶层的道德和利益角度出发而言的。

在诸多传统文化代表流派当中，墨家的“利天下”的社会实践实际上代表的是一种“出世”的文化，这种“出世”的文化，即便是儒家、道家和法家都赞赏不已。墨家学说提倡对他人利益的尊重与实现，能够做到“摩顶放踵，利天下而为之”。正是有这种敢于不必生死、不计荣辱，甚至能够做到大义灭亲的胸怀，才使得墨家当中的侠客层出不穷。

“利天下”的理念对照今天的社会治理，体现为公益理念。公益本身就是指人们在特定的条件下，通过捐赠一定的时间、精力、财务等各种方式，来推动整个社会公众福利增加的活动。比如，常见的活动有对于弱势群体的救助，对于救灾方面的帮扶，对于环境的保护，对于社区的服务等。“利天下”的理念强调舍身行道，帮助他人，这一点与社会治理当中的公益理念十分相似。

（三）道：不争

道家所讲的“各美其美”，主要是对每一个个体的自信进行尊重。个体的特点、个体的利益应该得到充分的尊重。在特定的自然环境下，这种个体的特性可以发挥最大的自我实现价值。道家与之相对应的所讲的对于他人的尊重表现为“不争”。这种“不争”，实际上是对于他人所获得的利益采取一种淡然处之的态度。这种“不争”主要体现为以下两句话。

第一句：“功成事遂，百姓皆谓我自然。”这句话的意思是，当把老百姓期盼的一切事情都办成了之后，领导者并不居功，而是隐退幕后，并使老百姓认为办成的事情是自己努力的成果，是一种尊重了老百姓个体意愿的结果。虽然社会当中每一个人都有趋利避害的本性，也会受不同文化氛围的影响，也会有不同的生存环境的意志，但是每一个人根据自己特定的条件和本性去做符合整个社会自然运行的事情，每个人都会感觉到自身的自我定位。

第二句：圣人之道为而不争。“夫唯不争，故天下莫能与之争。”真正最高水平的“不争”可以体现在老子的这句话中，社会自然产生的领导者，它的最高形式原则是“不争”，领导者不与老百姓争，领导者本身之所以为领导者，是自然而然的结果，只有这样才能无为而无不为。所以老子强调的“人法地，地法天，天法道，道法自然”，就是指事情的实现要遵循自然规律，顺其自然，因势利导。

道家的这两句话及其背后所展现出来的思想，对今天的社会治理能够产生一些启示。一是现代社会治理仍然要以社会发展的客观规律作为基本遵循。老子所讲的天地万物都形成于自然的道的运行，当然也包括人类社会的自然发展运行方式。正是因为人类社会的变化与发展有一定的客观规律，所以要求人们遵循统一性和社会性并存，实现社会的有效治理。二是现代社会治理当中始终要坚持以人为核心。道家的思想当中，实际上将人放在了非常重要的位置及思想的核心，探寻人与自然人、社会，以及人与人之间的关系，社会治理实际上正是对这些关系进行处理。道家的这些思想正是提倡要始终把人看成客观规律运行的核心。三是现代社会治理始终要以实现社会和谐作为重要的目标，而社会和谐正是道家学派当中特别强调的长期目标，通过社会治理法制化可以在现代实现老子所描述的顺其自然的客观处境。

（四）法：规范约束

法家基于对于人性的观察提出了人要对自身进行约束，按照法的规矩去控制自身的行为，这才是实现“各美其美”的主要法则。与之同时，法家基于对于人性的观察也提出了人与他人如何相处的关系法则。由于法家认为人性是好逸恶劳的、好利恶害的，这就为统治者利用法家的精神去规范和约束人民提供了可能性。法家的规范约束主要可以从“人莫不自为也”这句话加以说明。

法家认为人的本性是人，人会把追求利益看成支配人行为的决定因素，所以人和人的各种关系都可以归结为以利益获得为前提的关系追求，所以每个人的积极向前的动力，或者社会治理发展的动力，都源于每个人对于自身的欲望的满足。

正是因为“人莫不自为也”，每个人与他人的关系往往取决于他人能给个人产生多少利益。也正是因为如此，法家才明确表示，对于他人如果要实现利益和尊重，一个重要的基本点，就是要利用国家的政策进行引导，用国家的法则进行倡导，如此才有可能使得人性自立趋向于实现他人利益的目的，而光靠个人的本性，要求个人与他人实现利益的共享、共荣，是一件非常难以实现的事情。

因此，法家把人看成一种动物，认为与自然界当中的禽兽具有相似的生存本能，所以人对于利益的追求很可能会引发人与人之间的相互伤害和相互影响。人与人之间自然的相处是很难形成“美人之美”的基本要求的。最终，法家认为，既然人天然难以实现“美人之美”，那就要求通过法或者规则去约束人对于自身欲望的边界，如此才有可能实现“美人之美”。

尽管各家学派对于如何尊重他人的利益和诉求持不同的观点和

看法，但是大家有一个共识，便是“美人之美”。这些学派之间只是存在着如何实现“美人之美”的差别，并不存在是否要实现“美人之美”的差别，即，中国古代传统优秀文化当中，无不提倡对于他人的尊重。

三、美美与共

“美美与共”是指把尊重自己与尊重他人的利益和诉求结合起来，保持在多样性的条件下实现协同性。对于社会治理而言，就是要实现个体与他人之间的合作，实现一个相互合作的共同体。

（一）“和”：儒家的礼法

儒家学说把“和”看作儒家的礼法，是处理社会中人与人之间关系的最重要准则。在《论语·学而第一》中，有子说：“礼之用，和为贵。先王之道，斯为美；小大由之，有所不行，知和而和，不以礼节之，亦不可行也。”这就是说，从社会关系当中的礼来看，最重要的是要知道礼的尺度，礼的尺度就是“和”。古代圣明的君主用来治理国家方法的最宝贵之处就是善于利用“和”。“和”就是不能什么事情都死守着特定的礼的规定不放，这在社会当中是行不通的，但是一味讲求“和”或者中庸，而不是运用“礼”去进行规范，也是不可行的。

儒家学说的“和”的准则，最早描述的实际上是奴隶社会当中社会治理的实现，也就是为了使得社会治理当中的统治者阶级内部不必去争抢土地和粮食，从而采取了一种“公田式”的公社制，进而能够对社会进行治理，从而能对奴隶进行奴役。在这种奴役过程中，儒家学说提倡作为统治者，要有对于下层贫民的一种适当的关怀，保证礼法在实施的过程中达到相对平衡，即统治者与被统治者在获取不同利益的关系过程中，仍然保持一个非强力的状态，避免高压下的反抗，统治者会采取一些礼法的灌输方式，确保被统治者接受统治者的统治。

如果把儒家学说的“和”的准则运用到当前的社会治理当中就可以看到，所谓的“和”实际上是对于不同社会阶层、不同社会主体之间，如何在现有的规范当中获得一个超出规范的协调关系。诚然，每个社会主体在按照一定的契约去进行社会治理的相应活动过程中，有时会受到不同的契约的制约，但是这些制约可以因为不同主体在道德层面对于利益的让步而达成不同主体之间新的利益平衡。

（二）兼爱：墨家的准则

“兼爱”是墨家伦理思想当中的一个核心观念，即人和人之间不分彼此，相互关爱。

1. 社会人“爱无差等”。墨家提倡的是社会中人与人之间彼此无差别，相爱无等级。人人应该“视人之国，若视其国；视人之家，若视其家；视人之身，若视其身”。人人应该设身处地地为他人着想，把社会上的其他人，甚至其他国家、其他种族的人都看成自己的亲人，或者像对自己的身体一样去爱护。人和人之间，“强不执弱，众不劫寡，富不侮贫，贵不敖贱，诈不欺愚”。墨家学说凸显了人与人之间的平等性，这是从平民阶层出发的伦理道德的基本标准，墨家反复强调，在一定的社会关系当中，一定要以“兼以易别”来处理各种关系。

2. 人与人之间“交相利”。墨家反复强调，大多数人的利益是社会利益的终极判断标准，提倡舍小利取大利，舍小家为大家，追求大多数人的幸福和利益。墨家其实并不反对爱自己，但是反对那种以伤害其他人甚至社会的利益来维护个人利益的那种爱自己。墨家反对的是凡事只以自己利益为重，只愿意牺牲他人，而不愿意牺牲任何一点个人利益的那种自私行为。墨家提倡的正是当个人利益和他人利益或者社会利益相冲突时，应该积极主动地自我牺牲，这就相当于今天所提倡的以集体利益、家国利益为重的观念。

3. 墨家还提出了“公义”的理念。“公义”的理念与社会治理当中的正义理念十分相近。像《天志上》篇主张“义者，政也”，就是其中一个例证。另外，《尚同下》篇主张“尚同一义之可而为政于天下”，也把“义（正义）”看成“为政”的核心要素。从传统和朴素的思想来看，墨家的“公义”拥有一条“不可亏人自利”的“公义”底线，每个人不应该以牺牲他人的利益来满足自身的利益。

（三）道：道法自然

在道家学说中，“人法地，地法天，天法道，道法自然”是道家学说在研究宇宙各种事物相互关系之后得出来的基本结论。在浩瀚的宇宙当中，因为人受着天地的恩惠，所以人的行为也应该效法天地。而由于大地在天的覆盖之下，所以大地要时刻效仿天的法则来进行合理的运行。但是“道”又作为天的最终规律，所以天也是效法“道”的法则而周流且不息。所以，“道”可以化生为万物。但“道”的本性又是无为的，所以，“道法自然”就是讲人与万物要随着自身的本性自我运行。

在社会治理中，人们根据“道法自然”的思想，就可以从思想和行动上找到最高自然规律法则。这里所讲的自然规律法则，并不是指植物和动物生存的自然界。社会主体通过效仿自然法则，可以确定人在社会当中的行事准则。按照最高行事准则，就可以保持清静无为，在社会治理当中表现为治理者应该顺着民心去进行治理，做到量力而行，尽力而为。而社会主体不应该争强好胜，要做到大智若愚。绝大多数人可以在不追逐名利之后做好自己的本职工作，而真正对于国家和社会有贡献的人，事情成功之后，就要懂得功成身退。所有这些社会中的相处原则都体现了“道法自然”的思想。

这正是道家所讲的“美美与共”的体现。当社会治理中每个人都遵循自然的法则，追求有限度的自我愿景，必将为他人的自然存在创造适宜的空间，最终可以使得社会治理自然有序。

（四）法：制度

中国传统文化当中的法家学派，一般强调从法治的角度来讨论社会治理，而法治的本质内涵就是制度建设。正是因为从制度建设的角度去探讨社会治理，中国的法家思想与西方的社会治理思想有一定的交叉性，其中对于作为社会主体的社会组织之间的安排和管理手段有着类似之处。此处仅讨论法家思想中确立制度、维护社会主体当中的个体利益和人与人之间利益的相融机制。

1. 法家把制度建立在理性人的前提之上。由于每一个人的选择都是基于理性人的选择，所以在社会治理当中必然要体现出确保人与人之间理性选择的利益和代价，而要使得社会治理在一个相对公平与和谐的利益实现环境中，那就要确保找到一个固定的体制环境。所以，《韩非子》说：“凡治天下，必因人情。人情者有好恶，故赏罚可用。赏罚可用，则禁令可立而治道具矣。”这就体现了法律是依据人情以及理性人的前提而建立的。

2. 制度并非完全用于规范行为的准则，更是为了预防某些不当行为的建设性力量。“椎锻者，所以平不夷也。榜檠者，所以矫不直也。圣人之为法也，所以平不夷、矫不直也。”《韩非子》中的这一段话恰恰说明了什么样的生存环境决定了存在什么样的社会主体。正是为了避免社会主体当中打破社会治理的边界、为了谋求自身利益而损害他人利益的行为，才会创设出合理的制度。

3. 制度的意义在于要严格执行。《慎子·逸文》中有言："法非从天出，非从地出，收于人间，合乎人心而已"。任何法都不可能是完美无缺的，尽管所有制度在刚制定出来的时候可能会有所偏颇，但是一旦被制定出来，人们就应该严格执行，赏罚分明。只有根据制度在执行过程中的具体情况，因具体情形和变化而修订，才能够使制度日趋完善，但是在制度完善之前，制度的意义就是要使得所有体制正常运行。

至此，可以看到中国传统学说对于"天下大同"持有各自的执见。但是，这些学说间有一个共同点，那就是"天下大同"，用另外一句话来说就是"天人合一"。"天人合一"在习近平总书记的多次讲话当中都体现了出来，这是中华文化赋予人类的一种智慧。比如，2014 年 5 月，习近平总书记在考察北京大学时，在师生座谈会上列出的中华优秀传统文化思想和理念当中，就明确提到了"天人合一"。此外，同年 5 月，习近平总书记在中国人民对外友好协会成立 60 周年的纪念活动上，也明确提出了中国和平发展基因的"四观"，第一个就是"天人合一"的宇宙观。

"天人合一"之道是中国传统文化当中最重要的思想之一，几乎是儒、墨、道、法等各家学说都主张的精神追求。大而化之来看，"天人合一"是指人类社会与自然界之间协调统一、人类社会内部相互协调统一的两种关系的交叉和重叠。"天"指的是万事万物的规律。这个规律体现在社会治理当中，就是在特定的历史条件下形成的社会治理规律。只有在这条规律的前提下，各社会主体采取不同的适应规律的方式和谐相处，才是实现社会治理最优水平的办法。

第三节　人类共同文明认知的体现

一、共同的天下

当今世界正处于百年未有之大变局，中国需要在变局中应变。要应变，首先需要解决如何看待这个局及如何布局的若干问题。例如，在错综复杂的全球环境中，未来世界如何？中国以什么样的姿态出现在世界舞台上？中国共产党想要为世界贡献何种建构方案？然而，这些问题并非今日才作答。在百年党史中，中国共产党一边形塑“天下观”，一边应对“大变局”。

从现有研究来看，有些学者将中国共产党的“天下观”放到千年视野中观察，认为中国的“天下观”经历了从“中国的世界”（1840 年之前）到“中国与世界”（1840 年至 1949 年），再到“中国在世界”（1949 年之后）的千年之变。[①] 其中，中国共产党“天下观”的百年变化跨越了“中国与世界”和“中国在世界”，两者以 1949 年为分界，后者主要指 1949 年新中国成立后中国共产党的“天下观”。另一些学者则将“天下观”放到百年视野中观察，即用“中华人民共和国的成立”和“开启改革开放”两个时间点，将中国共产党的“天下观”分为自在、自为和自觉三个阶段[②]。

虽然这些划分都各有依据，但最合理的分法估计还是要站在当下，再回望过去，即应从人类命运共同体这个新时代的“天下观”出发，去寻找“天下观”的百年升华之路。马克思曾提出：“人体

---

① 张振江：《人类命运共同体与新的中国世界观》，《太平洋学报》2020 年第 1 期。

② 洪波：《从“普天之下”到“命运与共”——人类命运共同体的世界向度》，《青海社会科学》2020 年第 2 期。

解剖对于猴体解剖是一把钥匙。”① 最新的“天下观”必然包含着“天下观”升华过程的痕迹。因此，解析百年来中国共产党的“天下观”应该由此切入。

“天下观”是古代中国创制的一种世界观，蕴含着“协和万邦”“天下大同”的世界秩序构想。② 中国共产党的百年“天下观”升华，就是中国共产党世界观的思想发展。百年来，中国共产党在马克思主义“天下观”和中国优秀传统文化的共同作用下，在改革开放和社会主义现代化的实践中，逐渐形成并不断发展具有中国特色的社会主义“天下观”，其最新成果就是关于人类命运共同体的表述。

（一）从理论维度看，“天下观”的升华是“共同体”理论的发展

百年来，中国共产党发展了马克思主义的“共同体”理论，吸收了中国传统文化中“世界大同”思想的精华，借鉴了西方“共同体”理论，最终发展出了人类命运共同体理论，形成了具有中国特色社会主义现代化的“天下观”。

中国共产党的“天下观”之所以发展至人类命运共同体的理论，是中国共产党人对马克思主义“真正的共同体”思想中国化和时代化的最新成果。马克思认为：“人的本质是人的真正的共同体。”③ 马克思批判的是以资本逻辑所建构的“资本共同体”，他认为“资本共同体”不可能实现人类的真正联合与解放，人类应该走向“自由人联合体”。在“资本共同体”的条件下，人类社会必然

---

① 《马克思恩格斯选集》（第二卷），人民出版社 1995 年版，第 23 页。

② 洪波：《从“普天之下”到“命运与共”——人类命运共同体的世界向度》，《青海社会科学》2020 年第 2 期。

③ 《马克思恩格斯全集》（第三卷），人民出版社 2002 年版，第 394 页。

从区域性的共同体转向世界共同体，但此共同体追求的是“资本的解放”，其结果是人的异化。百年来的中国共产党为之努力奋斗的，正是否定以资本为逻辑所建构的“资本共同体”。在百年发展进程中，世界正处在一个不断开放的全球化过程中，中国共产党提出的人类命运共同体，正是基于对人类解放的最基本关切，是回到马克思、发展马克思的最新成果。

人类命运共同体的“天下观”认知离不开千年以来中国的优秀传统文化。中华民族自古以来就推崇和合文化，提倡协和万邦，认为要实现“天下为公”的大同世界。中国共产党人从来都不否定其吸收了中华民族优秀传统文化，进而形成自己“天下观”的事实。

中国共产党还吸收了西方“共同体理论”的思想。建党以来，特别是改革开放以来，中国共产党领导的社会主义现代化建设不断地融入以西方为主导所建构的世界，也在一定程度上借鉴了西方关于“共同体”的理论，形成了一种人类共通共用的“天下观”。

（二）从现实逻辑看，“天下观”的升华是现代化实践的成果

中国共产党人的最高纲领是实现共产主义的“大同”，但中国共产党人在每个历史阶段都会根据国情形成不同的“天下观”，而每个阶段的“天下观”，都是依赖于每个阶段的最低纲领的实践成果。

百年来，中国共产党人把中国革命和建设分成四步走。第一步是通过无产阶级领导的新民主主义革命，建立新民主主义制度和新中国。由此，中国共产党实现了国家的独立，使中国作为一个独立的主体，重新回归天下，解决了中国在天下的空间问题。第二步是把新民主主义革命转向社会主义革命，通过社会主义改造建设社会主义新中国，这一步使中国成为代表更多人利益的国家主体。第三步是通过改革开放建设社会主义现代化新中国，使中国能在世界中

获得尊重。第四步是新时代实现高质量发展，推动国家治理体系和治理能力现代化，使中国成为“穷则独善其身，达则兼济天下”的新秩序影响者，建构人类命运共同体。随着中国的发展，中国始终尊重各国人民自主选择自身的发展道路，维护国际公平正义，为世界的和平与发展贡献中国智慧、方案和力量。

（三）从哲学高度看，“天下观”的升华是和合理念的坚持

中国共产党自成立以来，始终坚持马克思主义的世界观，坚持追求人类的全面解放和发展，对应到“天下观”，就体现为“天下之义、天下之利及天下之和”的价值坚持。

从天下之义来看，中国共产党始终秉持中华民族一直提倡的亲善和睦的相处之道。特别强调“己所不欲，勿施于人”和“推己及人”。中国共产党成立以来，特别是新中国成立以来，中国共产党提出并一直坚持的和平共处五项原则，实际上就是这种价值观念的生动体现。所以，习近平总书记提出：“面向未来，我们要相互尊重、平等相待，坚持和平共处五项原则，尊重各国自主选择的社会制度和发展道路，尊重彼此核心利益和重大关切，走对话而不对抗、结伴而不结盟的国与国交往新路，不搞唯我独尊、你输我赢的零和游戏，不搞以邻为壑、恃强凌弱的强权霸道，妥善管控矛盾分歧，努力实现持久和平。”①

从天下之利来看，中国共产党尊崇“己欲立而立人，己欲达而达人”的天下助人观。习近平总书记指出：“各国在谋求自身发展时，应该积极促进其他国家共同发展，让发展成果更多更好惠及各国人民。”② 基于此，中国提出“一带一路”的倡议，实际上和联合

① 《论坚持全面深化改革》，中央文献出版社 2018 年版，第 458 页。

② 习近平：《弘扬和平共处五项原则 建设合作共赢美好世界——在和平共处五项原则发表 60 周年纪念大会上的讲话》，人民出版社 2014 年版，第 8—9 页。

国 2013 年可持续发展的议程方向是一致的，这是中国推动经济全球化、实现均衡发展的努力表现。

从天下之和来看，中国共产党坚持“以和为贵”的价值取向。自中国共产党成立以来，在国际舞台上一直秉持“和而不同”的理念，同时坚持求同存异的策略。习近平总书记曾说：“文明因多样而交流，因交流而互鉴，因互鉴而发展。我们要加强世界上不同国家、不同民族、不同文化的交流互鉴，夯实共建亚洲命运共同体、人类命运共同体的人文基础。”①

这些从哲学高度所凝练的带有中国古代哲学色彩的价值观，实际上是人类社会所通行的。中国共产党自成立以来一直遵从这些价值观，并据此形成了人类命运共同体的“天下观”。

二、共同的价值

2021 年 10 月 25 日，习近平总书记在北京出席中华人民共和国恢复联合国合法席位 50 周年纪念会议并发表重要讲话。他在讲话中强调：“我们应该大力弘扬和平、发展、公平、正义、民主、自由的全人类共同价值，共同为建设一个更加美好的世界提供正确理念指引。和平与发展是我们的共同事业，公平正义是我们的共同理想，民主自由是我们的共同追求。世界是丰富多彩的，多样性是人类文明的魅力所在，更是世界发展的活力和动力之源。”②

过去一些人总是纠结于“普世价值”与社会主义核心价值观之间的区别与联系。有学者对社会主义核心价值观使用“民主”“法治”等关键词进行了解读，认为：民主、自由、法治等是人类命运共同体表述、关注、解决的价值，而非西方独有、特殊的价值。将

---

① 《论党的宣传思想工作》，中央文献出版社 2020 年版，第 400 页。
② 《习近平谈治国理政》（第四卷），外文出版社 2022 年版，第 475 页。

民主、自由、平等、公正、法治等纳入“社会主义核心价值观”，展示了我国在价值观念和意识形态上借鉴和吸取人类命运共同体的共性价值，突破了人类命运共同体价值属于西方价值观的藩篱，形成了利用人类优秀文明成果的开放精神。[①] 这是对社会主义核心价值观使用词汇困惑的解释。事实上，我们是可以借鉴一切有益的人类文明成果来发展社会主义的，凡是绝对的“一刀切”的方式，实际上是对社会主义有极大的误解。社会主义可以扬弃地吸收资本主义之中的一般人类文明成果，并基于中国实际建构起来，而非空想而成。

另一部分人不理解社会主义核心价值观当中提到的这些词汇，认为中国正在走资本主义道路，这种观点认为中国是在走改旗易帜的邪路。但实际上，对于社会主义核心价值观的理解要基于“什么是社会主义”的基础之上，社会主义是一个开放的概念，并不是一个封闭狭隘的概念，所谓民主法制等一系列的观念，实际上早在中国的优秀传统文化当中已经充分体现，这并不是西方资本主义才独有的内容。并不能因中国使用了一些这样的词汇，就认为中国是在走向资本主义。

时至今日，习近平总书记使用“共同价值”的概念把社会主义核心价值观和“普世价值”的相互关系进行了充分的、辩证的说明。这是一种非常高明的举动，是一种理论的突破，它打破了价值观二元对立。只要承认人类本质，就必然存在人的共同价值。从习近平总书记的讲话当中来看，共同价值主要包括和平、发展、公平、正义、民主、自由等。虽然习近平总书记是从全人类共同价值的视野来谈的，但是依然遮蔽不了社会治理当中对于这些共同价值的认可。社会治理当中，必然要以这些共同价值为基本依归，再结合社会治

---

① 王红主编：《中华优秀传统文化与中华民族伟大复兴》，人民出版社 2018 年版，第 252 页。

理所需要的其他价值并将其作为引导，才可能使得社会治理呈现出一个有序和安定的状态。

（一）自我价值

共同价值应该是最基本的自我价值，对社会治理来说，是所有社会类型都应该共同享有的自我价值，而这些价值应该是人类基本价值。著名的社会心理学家理查德·施沃茨（Richard C. Schwartz）在20世纪90年代就提出过人类基本价值观理论（Theory of Human Basic Values）。这个理论把人类的三种基本需求看成三种共同价值：一是个人作为生物体的需求；二是个人对社会交流的需求；三是团体生存和拥有福利的需求。由此，施沃茨提出了57种价值观条目，它们被归为10种驱动力价值观类型。这10种驱动力价值观被进一步划分为4个大类，即对变化持开放态度、对变化持保守态度、自我提高及自我超越。通过对全球20多个国家的调查发现，这一价值理论在内容和结构上是相对稳定的。

（二）社会价值

社会的存在与发展离不开价值引导，社会价值是社会治理赖以存在与发展的主观条件。社会共同价值一般会体现在以下几个方面，把这些方面的共同价值观树立起来有利于对于社会共同体的凝聚。

在中国，社会主义核心价值观就是社会价值的共同价值，社会主义核心价值观可以分为三个层面：富强、民主、文明、和谐是国家层面的价值目标；自由、平等、公正、法治是社会层面的价值取向；爱国、敬业、诚信、友善是公民个人层面的价值准则。

社会层面的核心价值观的层次结构可以概括为：观念→制度→秩序→生活。无论是否概括为这八个字，实际上都可以将其纳入这一条层次结构当中。

1. 社会层面的价值是社会共同体成员对于社会生活追求的一种观念。这种观念是对在特定的社会秩序和特定的个人幸福标准下的追求，对幸福生活的追求是社会层面的共同价值之一。中国 40 多年的改革开放极大地丰富了人们的物质生活和精神生活，人民群众对社会产生了更高的要求。这体现在党的十九大报告中概括的我国社会主要矛盾已经转化为人民日益增长的美好生活需要和不平衡不充分的发展之间的矛盾。美好的生活应当包括上面所描述的社会层面的共同价值。

2. 社会层面的价值还要转化为制度，使其成为一个法治化的体系，而法治化就成为社会层面的共同价值之二。在我国，宪法确认了公民具有广泛的权利和自由，它体现了社会主义制度下的平等观，体现了法治思维底下的公平正义。而这些价值的体现都有赖于中国特色社会主义法律体系建构起来，正是这些完整完备的法律体系，才使得社会层面的价值得以保障。

3. 法律和法规保障下的社会价值的实现，既体现的是法治价值，又体现的是一套合理有序的秩序，这个秩序观就是社会层面共同价值之三。任何社会价值的实现都有赖于一套合理有序的社会秩序才可能实现。

4. 有秩序的生活才能够使社会层面的价值真正得到彰显。在这样的生活状态下，每个人都可以实现满足自己日益增长的美好生活需要的愿望。这种生活观就是社会层面共同价值之四。由于难以用简单的几个字来把所有的共同价值加以概括，因此可采取这四个关键词来进行概括。

（三）国家价值

正如社会主义核心价值观要分为三个层面一样，国家层面的共同价值是其他价值存在的基础。每个国家都不能缺少属于自己民族并且被全社会成员共同认可的价值观。在社会主义核心价值观当中提到的“富强、民主、文明、和谐”，是社会主义核心价值观国家层面的概括。只有寻找到共同的国家价值，才有可能凝聚起国民。

1. 共同的国家价值是一个国家、一个民族凝聚前行的导向。在封建社会，很多人只知道有皇帝，不知道有国。彼时的人把国家看成皇帝的私产，认为政权的更替与自己无关。因此，从 1840 年到中国共产党成立之前，国家蒙辱总被人们视而不见，根本原因在于，人们缺失共同的国家价值。习近平总书记指出：“一个民族、一个国家的核心价值观必须同这个民族、这个国家的历史文化相契合，同这个民族、这个国家的人民正在进行的奋斗相结合，同这个民族、这个国家需要解决的时代问题相适应。”① 这是因为，一个国家具有国家层面的价值观共同体，才有可能使一个国家的国家治理，甚至社会治理形成一个良好的状态。

2. 共同的国家价值是一个国家寻找人类文明新形态的必要前提。1840 年之后，中国人开始探求国家层面中的儒、释、道、法等一系列传统文化的价值观，考证其是否能够支撑中华文明这个伟大的国度重新走向复兴。一些仁人志士则试图将西方的价值观，比如科学、民主、自由、博爱等引入中国，认为中国只有学习西方的国家价值观，才有可能重新走向复兴。中国是在遭受西方侵略的过程中开始启动现代化进程的，所谓中国近代历程长期以来几乎就是一个向西方学习的过程。在学习西方以救亡的过程中，中西文明冲突不可避免。影响大者主要有五四新文化运动时期的“新旧思潮之激战”，20 世纪 20 年代的东西文化论战，20 世纪 30 年代的“本位文化”与

---

① 中共中央宣传部编：《习近平新时代中国特色社会主义思想学习问答》，学习出版社、人民出版社 2021 年版，第 307 页。

“全盘西化”论战。

然而，是否要学习西方并不是争论的“元问题”。真正的“元问题”是中国应该追求何种文明形态的问题。传统也好，西方也好，都无法直接拿来为中国所用。只有将几千年来的中华民族文明和西方的文明融合为一体，才可能创造一种新的文明形态。但新的文明形态一定要建立在国民对国家的共同认知之上，国民才可能齐心协力朝着共同的文明理想前进，才会减少文明价值观的内耗。

3. 共同的国家价值能够充分调动起社会和家庭的力量。新加坡关于国家共同价值观的教育方针是一种“国家至上”的国家价值观。新加坡国家共同价值属于东方伦理思想，既有东方几千年的优秀传统文化伦理规范要求，又能体现西方一般人类文明价值观精髓。基于此，新加坡立足自身，面向世界，走出了全球国家价值观的一种形态。中国共同的国家价值观当前主要体现为“富强、民主、文明、和谐”八个字，它是社会主义核心价值观的重要内容。从这些共同的国家价值观出发，能够为国民凝聚力量，充分调动家国情怀，实现多主体共同追求中华民族伟大复兴的力量。

三、共同的利益

新共同体对于人类文明认知的体现，更主要地表现在共同利益上。新共同体从三个维度将人类的共同利益在社会治理中表现出来。利益问题一直是人民普遍关心的问题，人类全部的社会活动都无法与利益相切割，利益是整个社会发展的基础前提和内在的核心推动力。

（一）利益多元化

在新的科技革命推动下，包括中国在内的全世界各国纷纷进行改革与发展。中国的改革开放在人类历史上是前所未有的，与改革开放并行不悖的是大规模的、多层次的利益关系变化。这种利益关系变化首先表现为利益的多元化，而利益多元化的本质，就是要确保所有利益为大家共同享有。

1. 原有社会阶层内部的利益多元化。由于经济社会的快速发展对于原来的社会阶层产生了巨大的冲击，无论是工人还是农民，包括知识分子在内，都产生了阶层的分化。一般而言，工人阶级的传统含义是指从事体力劳动的产业工人。但在社会主义现代化进程中，简单地用体力劳动去概括产业工人，已经难以说明工人阶级的变化性内涵。特别是在科学技术迅猛发展的前提下，知识经济已经成为当前的产业主流。所以知识分子在劳动者中的比重越来越大，具有科学管理知识的经营者也开始发挥着更多的特殊作用，更多的脑力劳动者成为工人阶级的重要组成部分。

然而，随着科技推动产业不断前行，社会财富在积累的过程中，在工人阶级特别是各种脑力知识运用者当中，也不可避免地产生了更多的贫富差异。特别是对从事体力劳动的生产型工人而言，他们得到的利益出现了下降的趋势，从而使得这部分群体更多地感受到失落和不满，导致一些地方的社会冲突事件明显增加。与之相似，农民在职业方式和生活方式上都发生了深刻的变化，传统的农民正在不断减少，农村的非农化进程和城镇化进程不断加速。大量的农村剩余劳动者中，一些人虽然有强烈的致富愿望，但城乡之间的差异和政策之间的鸿沟，导致其仍然难以摆脱农民身份和地域的束缚。

在这样的趋势下，不同的社会阶层纷纷要求在生产力发展过程中采取一定程度的利益抚平。这实际上就是利益的多元化，不是简单地使利益归属于某一些从事高收益的脑力劳动者群体，而是使更多的劳动者能够享受到更多的利益。

2. 新兴社会阶层对于利益多元化的需求更为旺盛。由于在深刻的改革过程中，新的产业链蓬勃兴起，同时也会形成一系列适应时代要求的新型利益群体，这其中包括大家比较熟知的乡镇企业职工、第三产业职工、民营科技企业创业人员和技术人员等一系列新兴的社会阶层。

这些新兴的社会阶层，已经在改革开放的进程中积累了强大的经济和社会实力，形成了强大的社会资本。他们对中国经济社会的发展有着不可忽视的影响，但是由于特定的经济政治利益格局的影响，他们无论是在政治地位还是社会地位等方面，还存在着认同差异。所以他们对于自身的利益享有更高的诉求，希望能够成为更为独立的利益主体，享受更多稳定的利益所得。

3. 地区、部门和个人之间的利益垂直多元分化。在改革开放的进程当中，市场经济的形成是改革开放和社会主义现代化的伟大成就之一。但是，由于市场经济的运转，形成了更多的独立主体，同时打破了计划经济条件下一整块的利益结构，形成了各种相对活跃的利益主体。

在打破了单一计划经济的前提下，地区部门和个人之间形成了从国家到省，再到基层等一系列垂直性的多元利益分化，不同的地区或部门可能自上而下存在着明显的利益差别。这种自上而下的利益垂直分化迫使不同层级的个人表现为不同的利益需要，甚至显示出明显的差异。处在不同层级的个人会受到层级的条状影响，自上而下地形成利益差异。比较典型的是在社会治理当中，不同地区之间的社会保障呈现为资金的明显差异。在较为发达的地区，人们所获得的社会保障资金更多，而在更高层级的人们所能获得的社会保障资金也是更多的。因此，这就迫使社会资源和社会人员趋向更发达的地区和更高层级的部门或地方流动。但是，随着改革开放的持续稳步推进，要求在一个垂直系统当中，利益之间更多趋于多元化，而非不断地分离和分割，从而产生更多的差异。

（二）利益相容化

社会多元利益主体必然表现为不同的利益诉求，还要在同一个利益格局分布下，对这些利益进行差异化体现。因此，特别容易出现利益的不相容性，进而导致人们采取不同的方式来争取自身的利益，甚至通过各种方式来排斥和阻碍他人利益的实现，从而换取个人的利益。同时，现代社会的一个典型特点是，通过大数据、云计算和互联网等各种方式，已经彻底地把多元利益主体利益的多元化放到同一个利益框架当中去实现。而且这种利益多元化往往表现为一荣俱荣、一损俱损的实际存在。因此，“利益相容化”逐渐成为现代社会治理的一个重要特征，也就是只有在保证他人利益得到充分实现的条件下，才有可能使自身的利益最大化。

1. 利益的相容化表现之一是，人们对于改革开放会导致利益分化的态度之间的差异逐渐缩小。改革开放和社会主义现代化一定表现为追求大多数的利益。虽然每个人获得的利益不可能等同，而且也不可能实现绝对平均。但是，不同的利益必然建构在相同的利益格局之下实现。因此，虽然不同的改革在每一个具体的方面都可能会出现利益冲突，各种改革在触碰到关键节点时，往往会呈现出利益的共荣。从经济学的角度来看，只有实现帕雷托最优的改革开放和社会主义现代化建设模式，才有可能在保证既得利益的前提下实现更多的利益。而只有在特定的情况下，才会以剥夺其他人利益为前提，进而实现利益的获得。因此，尽管在改革开放和社会主义现代化的进程中会有不同的意见，多项改革在走入深水区的时候，各种多元化的社会主体利益正在日趋成为相互共通的利益。

值得说明的是，这种利益相容的表现是建立在社会主义制度的前提之下的。相反，在资本主义制度的条件下，利益分化和相互剥夺已经成为现代社会风险的关键出发点。

2. 利益的相容化表现之二是公共利益正在不断回归。为中国人民谋幸福，为中华民族谋复兴，是中国共产党的初心和使命。在社会主义国家当中，社会治理将实现维护和发展不同社会阶层的利益作为一切政策的出发点，所有的公共部门都是代表人民去实现公共管理职能。尽管不同的社会公共部门在不同的政治结构当中拥有不同的地位和优势，但现实情况是，过于追求部门利益最大化，并且以部门利益为内核的社会运行方式已经有了很大程度的改变。也就是说，过去以部门利益为前提的社会治理模式已经无法继续在现代社会当中运行。保证社会治理趋向于有效和有序运行的公共利益正在不断回归。

3. 利益的相容化表现之三是社会日渐关注弱势的利益群体。在社会主义中国，始终坚持社会主义的本质是实现共同富裕。因此，在已经实现了先富的地区，开始尝试进行共同富裕示范。人们已经意识到，反映贫富差距的指标仍然没有得到根本性治理，少数人在走向共同富裕的同时的确产生了大量的弱势群体，这些弱势群体的利益确实难以得到充分的保证。比如，一些下岗职工本身收入很低，生活质量明显下降，或者其在职的企业因为某些非客观原因出现工资拖欠情况，患病的职工难以享有正常的社会保障。还有在农村和城市的拆迁过程中，一些人的正当利益没有得到有效保障，而这些弱势群体的利益困境正在各种舆论上发酵。各种机构正在对弱势群体加以关注，而且许多志愿者机构正在向弱势群体伸出援手，这意味着一个社会的日益发展必然会带来对弱势群体的关注，这既是对于人性自然而然向善的保护欲，也是社会主义制度的优势之一。

（三）利益心理平衡化

多元的利益主体必然是有意识的活动者。随着不同的社会物质生活的变化和演化，一定会产生个人情绪和群体心理的变化，特别是人们的理想信念和伦理观念等各种社会意识在发生着极大的改变。但幸运的是，在社会主义中国的社会治理当中，人们已经关注到利益心理的平衡，并且尝试在制度和机制等方面，对人们心灵世界和思维方式加以改造，避免利益心理失衡，导致社会治理失效。

1. 机会公平的理念正逐渐深入人心。在长达几千年的封建社会积淀的农业文化基础之上，封闭与保守的思想观念与平均主义紧密联系。受到传统农业文化的影响，“不患寡而患不均”已经成了过去几千年来农民争夺自身利益、国家统治者治国理政的训诫。新中国成立以来，特别是改革开放以来，出现了一定程度的机会公平丧失，使人们产生了一定程度的心理失衡。党的十八大以来，社会治理的发展使得人们日益感受到在转型过程中机会公平日益显现，人们正由过去的不满转向心理平衡。因为在新的社会治理状态下，人们产生了机会公平的信赖感。

2. 攀比心理日趋下降。攀比心理存在于社会经济发展的过程中，广泛地存在于各种经济社会领域。社会主义现代化建设的压缩状态使得不同的社会主体之间的贫富差距以高速方式拉大，而人们的时间和空间并未明显拉开，因此，相似的时空之间的贫富差距给人们带来了巨大的心理压力，直接表现为攀比心理的出现。党的十八大以来，社会治理创造了一种使人们看得到机会公平而且可以使机会公平实实在在地转化为利益实现的可能性。更重要的是，由于初次分配、二次分配以及第三次分配的加入，不同地区和不同职业的人们正在感受到利益的平衡。通过这种努力，人们的攀比心理在一定程度上得到了削弱。

3. 削弱了违法获利心理。曾经有一段时间，在贫富差距的刺激下，一些人会通过违法投机等各种方式攫取不当利益，曾经表现为社会治理当中的一些黑暗面。这种黑暗面的出现，使得人们产生了由暴力状态形成的相对剥夺感，一部分相对弱势的群体感到情绪低落和意志消沉，甚至会采取一种报复社会或者发牢骚的方式去发泄对社会的不满。幸而现代社会不断发展，通过扫黑除恶等各种方式，使得社会治理明显走向善治，增加了人们冒险投机心理的成本，同时减轻了相对弱势群体在违法投机当中的损失。

今天的社会主义中国，社会将由低度分化向高度分化转变。这就要求高度的社会分工和专业的社会成员合作，同时体现为不同社会阶层的技术水平提高。由于不同的社会主体会消除各种职业和身份的转化障碍，利益主体的交叉流动会逐渐增多，受到地域所有制和单位限制的利益获取机制不断退缩，共同富裕将日渐实现。

第二章

共同体的探索：社会治理的历史回溯

从社会管理到社会治理，中国创造了社会管理历史上质的飞跃。从 1840 年开始前溯，中国在庞大的领土上进行了皇权与地方管理相结合的探索，官民等各种社会主体形成了自洽的初步合作。中国近代史开端并推至 1978 年改革开放前，社会管理初步向西方学习。其中，新民主主义革命时期之后，中国共产党成立后开始不断探索社会管理的主动性。改革开放以来，在中国共产党的领导下，社会管理与时俱进、开拓创新，形成了多元参与和整合的新局面。这些有益的探索，是社会治理得以在新时代绽放光芒的历史依据。

中国共产党成立以来，制定和完善了关于社会治理的各种基本政策和法规，团结带领广大人民群众不断探索中国社会管理或治理路径。历经我国革命、建设和改革的各个历史时期后，中国共产党对于社会管理和治理的认识和理解逐步深化。因此，要理解社会治理，需要回到党探索和推进中国社会管理或治理的历史中。

第一节　自洽（1840 年前）

中国古代的社会治理，关键在基层。中国古代基层社会治理的核心问题是国家权力和民间自治权力之间的关系问题。虽然在封建社会有封建集权“普天之下，莫非王土”的控制，但是中央集权体制在广袤的中国土地上，要想实现真正的良善治理，必须要与地方的民间力量相结合。

中国古代长期处于农业社会。人民务农所得是其主要的收入来源，政府以田赋作为基本的财源，社会的存在往往是围绕着土地的增值能力而存在的。土地是生产资料当中难以移动的资源，围绕着土地存在不同人群，人们天然地会构成共同体，这种共同体类似于今天城乡共同体的形态。对于中央政府而言，官僚体制往往只能作用到州县一级，州县以下的机构只能依靠地方自治，依靠由家族势力、乡绅等各种形态自发形成的共同体来治理。由此来看，中国古代的社会治理，就是一套中央政府如何实现基层社会治理共同体稳态存在的逻辑。

一、皇权下县

中国古代的国家官僚体系，往往只能够建构到州县一级。县级官员是官僚体系当中最低的一级。县官往往又是最亲近老百姓的官员，按照古代的说法，县级官员最常被称为“父母官”。因为县级官员往往直接负责基层群众的经济、政治和社会等一系列问题。在传统的官僚体系当中，老百姓告状首选的地方就是县一级衙门。相对于今天的科层制而言，许多地方对于基层的认定也是以县为标准的，县和县以下的工作往往被视为基层的工作。

但问题在于，对于广袤的土地和大量的人口，县一级的直接管理也不能够有效实行。皇权难以延伸到县一级以下，这就形成了中国的乡里制度。皇权通过古代官僚体系虽然只能作用到县，但县一级想要体现皇权，就必须依靠乡里制度去进行基层社会管理。

（一）“征”“用”赋徭，确保政权稳定

赋税徭役是传统财政的主要收入方式，征收水平是要统筹考虑的。传统财政深受儒家“仁”“义”思想影响，既强调“德者，本也；财者，末也”“以义理财”等观点，也注重财政的可持续发展并发挥其对经济社会发展的积极作用。先秦儒家代表人物孔子主张以“仁、义、礼”为本，在此基础上进行理财。《大学》指出：“道得众则得国，失众则失国。是故君子先慎乎德。有德此有人，有人此有土，有土此有财，有财此有用。”通过这一观点，进而可以推出“国不以利为利，以义为利也”。这就深刻阐述了“财”与“政”的内在关系，以及“财”必须服务、服从于“政”的治国思想。人们往往认为在封建社会时期，是繁重的赋徭导致了朝代的消亡，但事实是，基于政治的考虑，历朝历代都有薄赋轻徭政策，希望借此使政治稳定。

赋税徭役不只要“征”，而且要“用”。在“用”的方面，传统财政政策一方面考虑了厉行节约，从皇帝到各级官员都提倡合理使用财政收入，切勿“用有尽之力，逞无穷之欲”。明中期政治家张居

正强调“治国之道，节用为先”。另一方面，收上来的税收也要考虑用来赈灾养民。《礼记・王制》指出：“国无九年之蓄，曰不足；无六年之蓄，曰急；无三年之蓄，曰国非其国也”。与此理念相承接的是，明代政治家、思想家丘濬提出一套完整的以财政为主的“立政养民”理论，主张建立“蕃民之生，制民之产，重民之事，宽民之力，愍民之穷，恤民之患，除民之害，择民之长，分民之牧，询民之瘼”的政策体系。

然而，“征”“用”赋徭虽然是一个国家财政的系统工程，但要将其真正落到实处，并不是凭县级官员就可以施行到位的。要与县一级以下的乡里制度相结合，才能够确保政权稳定，以便为社会治理提供条件。

1. “任土所宜”。“任土所宜”是传统财政当中的一个基本原则。当地能够生产什么就供给什么，当地的农业自然条件、收入水平如何，其税赋水平就相应按比例调整。唐代政治家、改革家杨炎在推行“两税法”时提出“户无主客，以见居为薄；人无丁中，以贫富为差。不居处而行商者，在所郡县税三十之一，度所与居者均，使无侥利”，即主张根据贫富状况实施差别化征收，反对以人丁为征税标准。而判断当地的真实水平如何，往往要依靠县级以下的机构制度来进行。

2. “民不益赋而天下用饶”。这种观点主张在不增加老百姓赋税的前提下增加国家的财政收入，特别是利用垄断性产品的专卖等。从先秦时期开始，各国国君尝试采用允许国民开荒种地，并对新开荒的地不征收新的税赋的办法，国家在原有的土地基础之上收到相应的税赋，而通过新开荒的地所得到的收入则由国民所得。随后，国家通过盐铁等基本生产生活用品的专卖来获得更多的赋税。但要确保这一套政策能够落到实处，只能依靠乡里制度等县一级以下的机构来监督推行。

3. “薄赋轻徭”。反思历朝历代的历史教训，“薄赋轻徭”政策往往在王朝建立之初会得到较好的推行，这对于政治的稳定运行产生了重要的作用。但在这个过程当中，所谓的税赋减轻成果必须要依靠乡里制度等基层制度进行税赋统计。唐代的“两税法”改变了自战国以来以依附土地的户丁税为主的农业税赋制度，转向以真正意义上的土地税为主。清代的“摊丁入亩”彻底废除了户丁税，并将以户为单位计税的方式继承下来，严格按照农户所拥有的土地数量确定其纳税额度。直至清末，在减轻农民负担的同时也促进了税赋公平。关于地主在土地上的真实收益，只有通过乡里以下的制度才有可能对其进行清晰的界定。由此，才能对人口等相应的税赋数据进行调整，乡里的“薄赋轻徭”政策才能得到更好的实现。

（二）“三老”掌管教化，构建社会共识

中国古代社会治理的方式有自己独特的特点，其中典型的就是教化的方式。选择教化方式有一个最直接的困难，就是中国是一个土地比较广阔、民众比较众多的国家。因此，建立了统一国家之后，要巩固国家统治，实现长治久安，就必须要对国民进行教化，以确保社会治理能够凝聚共识。

尽管秦朝一开始使用中央律法自上率下地管理人民，但自秦朝以降，历朝历代开始用儒家学说加以补充。正如有些学者所提出来的，教化方式表现为“外儒内法”。这种折中方案的直接结果，就是必须要有道德高尚的人来掌管教化。西汉的统治采取“以德善化民”，并对此做了详细发展，主张国家的教化一定要由圣人主持，就像历史上的尧舜禹汤、文武周公，而且还要按“先京师而后诸夏，先诸夏而后夷狄”的顺序。也就是教化先从京师开始，然后再去管京师以外的华夏地区，等华夏地区教化好了再去教化周边的少

数民族，等周边的少数民族也教化好了就天下一统了。同时要“制礼作乐”，把形成的好的习俗制定成一套制度。

为了实施好教化，需要依靠乡土力量。“若要凡事好，须先问三老”。“三老”在古代是一种职位，由德高望重的老人来担任。汉高祖时期，“举民年五十以上，有修行，能帅众为善，置以为三老，乡一人；择乡三老一人为县三老。”古代一般都是乡三老，刘邦称帝后增加了县三老，县三老是从乡三老中选拔出来的。乡三老的人选需要满足两个条件，一是年满 50 岁，二是德高望重。年满 50 岁意味着他有丰富的人生经验，而且算是其他人的长辈。《汉书·高帝纪上》云：“举民年五十以上，有修行，能帅众为善，置以为三老，乡一人。择乡三老一人为县三老”。“德高望重”就是要有良好的品行，在乡民中有一定的威望，只有这样民众们才能从心里服从他。

乡、县设置“三老”与我国古代长期存在的血缘家族宗法制有关。一个乡会分有一个或几个家族，家族内部实行家长制，各家庭成员都会听大家长的话，这样便通过亲缘等级关系来对人们进行管理。当乡里、县里有人发生冲突矛盾时，他们一般不会上公堂，而是找来“三老”，听他们讲述事情的原委，由“三老”出面为他们之间的矛盾做出评判，进行纠纷调解。一般情况下，这种方式能够将矛盾解决好，这样也可以减少上公堂耗费的金钱和精力，提高解决矛盾的效率。

今天农村当中依然提倡请德高望重的老人出面帮人说事，以期解决社会矛盾，而人们往往会考虑这些老人的意见。

（三）“邻保”相互监督，实现社会治安

中国古代社会治理当中所涉及的乡里制度往往是和保甲、里甲制度相联系的。以时间线来划分，依次为秦汉的乡亭里制、魏晋南北朝的三长制、隋唐的邻保制、宋代的保甲与乡约、元代的社制、

明代的里甲制度、清代的保甲制度等。其中有一个重要的转折，即唐宋之际，由乡官制向职役制转变。但总体而言，都是由一群少拿或不拿官俸的乡里民众来担任各种职务，基本贯彻“以民治民”的管理方针。

从乡里组织的性质而言，尽管它不属于王朝国家的正规官僚系统，但相对于宗族、会社等民间组织而言，它带有官方色彩。一方面，乡里组织作为法定基层组织，拥有国家赋予的控制基层社会的权力。与世世代代聚族而居的血缘群体不同，乡里组织是政府强制在基层社会推行的，以地缘为特征构建的法定行政区划，是官府控制地方的重要工具。另一方面，相对于州县衙门而言，乡里组织仅具有“半官方”色彩。首先，乡长、里长、保长、甲长等只是一种职役，唐宋以后既没有国家俸禄，更谈不上官品和职位，只是给官府跑腿听差的一种“贱役”。其次，这些职役基本上由当地人担任，一般采用轮充的方式，并没有严格的选拔考试、监督考核等程序。从正规官僚体系而言，乡里组织不具备完全意义上的行政官僚体系，笔者称之为“准基层行政组织”。

从基层社会治理的角度来看，秦汉的乡亭里制中，“啬夫、游徼”负责缉盗安民。隋唐时期的邻保制也是使民众互相监督，互相禁约。从宋代开始的保甲制度，更是建立了严密的治安网：“乃诏畿内之民，十家为一保，选主户有干力者一人为保长。五十家为一大保，选一人为大保长。十大保为一都保，选为众所服者为保正”。除了将所有的人户按照一定数额进行编排之外，更重要的是实行伍保法连坐制：“同保犯强盗、杀人、放火、强奸、略人、传习妖教、造畜蛊毒，知而不告，依律伍保法”。如此，则保内之人相互制约，互相监督。这种地缘性的社会控制体系由于严密和有效，一直沿用到20世纪上半叶。

从国家权力的实施而言，由于中国辽阔的疆域和低水平的交通状况，尽管有乡里组织作为国家权力下移到乡村社会之中，里甲制与保甲制成为中央控制基层社会最主要的工具，但乡里组织的作用基本停留在税收和治安两个关键领域，其他诸如公益活动、社会救助、水利设施等地方公共事务，则主要依托基层社会力量来完成，从而形成中央集权体制下对基层社会的“部分管理”。如此既可以减轻国家的资源压力，也在一定程度上赋予了基层社会一定的自主性。

二、宗绅自治

宗法制度在中国古代社会治理当中历史悠久。中国社会与西方社会最大的不同就在于中国属于宗法性社会，而且宗法性社会三四千年来从未改变，宗族也是中国历史上存在时间最长、空间分布最广的社会组织。宗族制度最早出现于上层社会，有权利分享皇权的族系才可以被称为宗族。

但按照封建礼制的血缘关系，一个典型的结果是宗族必然会扩大。一个皇族的分支，随着时间的推延，只能在官僚体系级别中不断直降，甚至直至平民。只有最靠近皇帝的一族，才有可能继续分享皇权。秦朝到魏晋时期，族权与君权分离，进入世族制、士族制时代，宗族开始出现民间化趋势。到了宋元时期，则是官僚宗族制时代，以范仲淹为代表的高级官僚开始设置义庄，建设宗族，体现出下层的民间特性。到了明清时期，宗族正式进入庶民化时代，编族谱、修祠堂、行祭祀成为普遍的社会活动，宗族组织也成为遍布基层社会的重要民间组织。在“敬宗收族”“宗亲和睦”的家族观念下，宗族内部的族众被紧密连接起来，形成一个尊卑有序的血缘共同体。

（一）以祠堂文化为核心的组织管理系统

在中国传统文化当中有一个三堂文化，即学堂、祠堂、中堂文化。中华传统三堂文化中的学堂要教人读书明理，祠堂要教人敬天法祖，中堂要教人仁义孝悌。

祠堂文化，在古代又称“家庙”，是在我国农村普遍存在的一种古老建筑。在历史上它是家族议事、供奉祖先、继承传统、团结家族的一个重要的聚集场所。在现代，祠堂文化是一个地方的文化基因，是获得文化归属感与共享感的真实历史，承载了诸多历史、人文、科学、艺术、建筑、民俗等信息，是我国珍贵历史文物中的重要组成部分。

在很多祠堂的墙壁上，往往挂有“家训”“族规”“家法”内容的牌匾，它包含了以忠、信、孝、悌为核心的中国传统伦理道德，如敬长老、孝父母、友兄弟、尊师长、睦近邻、崇俭朴、恤孤寡、戒淫逸、戒奢侈、禁赌博等伦理规范，包含了中华民族几千年来形成的传统美德。族规禁约往往是一个家族根据本地本家族内部社会生活的具体实际情形而制定的行为规范细则，包括家事和族事，涵盖个人品行修养、职业、婚姻选择、经济生活的准则等方面，对违规者采取各种处罚措施，甚至用活埋、沉塘等手段处死违规族人。宗族的所有事务多由族人选出来的族长、户首、房长等，在祠堂等场所进行处理。

在数以万计的成文的家法族规中，家法的数量是相当有限的，绝大多数家法族规都是族规。这种局面的形成有两方面的原因。一方面，绝大多数家庭并不订立成文的家法。寻常的百姓之家，大多是由两代人或三代人组成的数口或十余口的家庭。纵然多子多孙，有数子十余孙，连同媳妇、孙媳妇，总共也只有数十口。在男耕女织、自给自足的社会中，这种大户人家的日常起居也并不复杂，何况作为一家之主的祖父或父亲在家中通常都有绝对权威，子孙不敢贸然抗命。如果子孙违反家长教令，家长也不必依据什么家规的规定，就可任意处罚。另一方面，即便是订有家规的家庭，也未必将它们见诸笔墨。写下家规的人家一直为数甚少。据修订于清同治十年的《东兴缪氏宗谱》载：在明代晚期的万历四十二年（1614年），一个缪姓人士在旅居长安时给儿子们写了封信，要他们订立"数款约示，粘之本家墙壁"，对于违反这些约定的家人，就要予以重惩。他又叮嘱道，这样做是"尽我居乡守分之道而已，亦不欲以此干誉于乡也"。可见，在当时订立成文家规的家庭极为罕见，随意订了几条家规，就可以在家乡沽名钓誉。

（二）以族田、义庄为核心的救济保障系统

患难相恤、贫困相助本来就是宗族组织的重要功能之一。明清时期，各宗族特别是一些较大规模、较有财力的宗族，一般都设置有族田、义庄等，以救济族人、资助族人求学等，意图通过经济手段收聚民心，增强族众的凝聚力和向心力，缓和群体矛盾，从而达到稳定地方秩序，控制族众的目的。如果说家法族规使宗族带有强制性的暴力色彩，那么族田义庄则使之披上了温情脉脉的面纱。

在中国古代，宗族既是一种具有血源性的民间团体，又是一种具有公共性的基层组织，宗族组织"上凑高祖，下至玄孙，一家有吉，百家聚之，合而为亲，生相亲爱，死相哀痛，有会聚之道"。宗族成员以血缘关系为纽带，按照一定规模结合起来，依托财产共有的族田义庄，为宗族成员提供包括衣食、教育、恤孤、养老、医疗、婚嫁和丧葬等各方面的保障，使族人"日有食，岁有衣，嫁娶凶葬皆有赡"，具有典型的慈善性质。

宗族慈善活动在中国由来已久，史书中亦多有记载。如《汉书》记载，东汉初年，宋弘将其所得俸禄收入，"分赡九族，家无资

产，以清行致称”；再如《三国志》记载，河内人司马朗“收恤宗族，教训诸弟，不为衰世解业”。

北宋时期，范仲淹看到宗族中还有不少贫弱者，表示自己得到祖宗的庇佑才官至宰辅，如果再多享富贵而不恤宗族，将来无法面对祖宗。于是捐田十余顷设立义庄，以地租收入赡养宗族，并制定《义庄规矩》。其中，详细规定了口粮、衣服、婚嫁、丧葬、科举、房屋、借贷等各方面的发放对象、数量、方式、监督等事项。如口粮方面，“逐房计口给米，每口一升，并支白米”。再如衣服方面，“冬衣每口一匹，十岁以下、五岁以上各半匹”。同时，义庄的慈善并不局限于宗族之内，乡里、外姻亲戚如果遇到急难或灾荒，“即于义田米内量行救济”。为了保障《义庄规矩》的有效性以维持义庄的长期经营，在范仲淹的请求下，朝廷颁布命令，如诸房子弟有违反规矩之人，“许令官司受理”，由政府直接背书《义庄规矩》的合法性。在此后的800多年间，范氏义庄虽然历经曲折，但却通过完善《义庄规矩》、增买义田、扩大义庄规模等方式不断向前发展，至清末宣统年间，义田已经扩大到5000余亩。

族田是维系宗族义庄存在和发展的基础，族田往往由首创者捐献而得，其产权归宗族集体共有。族田的收益主要来源于向佃农征收的田租，为了保证族田的共有性质，族田受到法律严格保护，不能私自买卖。如被朱元璋赐匾“江南第一家”的郑家，其家族自南宋至明代，合食义居15世，共约300余年，《郑氏规范》中规定：“家中产业文券，既印‘义门公堂产业子孙永守’等字，仍书字号。置立《砧基簿》，书告官印押，续置当如此法。家长会众封藏，不可擅开。不论长幼，有敢言质鬻者，以不孝论”。

族田的管理或采用义庄专管，或由宗祠代管，或由各房轮流管理，基本上都具有明显的共议特征。义庄专管是指建立独立的义庄管理体系，由各房共同推举庄正管理义庄族田；宗祠代管是指由宗祠统一管理包括义田、祭田、学田在内的族产；各房轮管是指由宗族内各房轮流管理宗族财产。除了主要负责人外，其他具体的办事人员也要受到各房的监督，包括提管、主计、典籍、塾师等在内的工作人员，只有通过了各房的考核，才能获得报酬。对于不称职者，则会断然予以撤换。

宗族利用族田收益进行慈善活动，或是给宗族内的人提供相同的经济资助，或是强调对贫弱家庭进行资助，都体现出共享的特征。就前者而言，《范氏规矩》中规定，口粮、衣服都是计口供给，对于婚丧嫁娶也都会提供相同的经济补偿，参加科举考试的族人也能得到经济赞助。此外，宗族还会捐建专门的祭田、学田、役田等，祭田所得收益主要用于祭祀祖先，学田所得收益主要在家族内兴办教育或支持学子参加科举考试等，役田所得主要用于代替族人差役。

共有、共议和共享保障了族田的可持续发展。“共有”保障了族田能为宗族提供持续性的经济支撑，“共议”保障了族田管理的长期有序和稳定，“共享”使得族田发挥其慈善救助的功能，这些使得族田在救助族人的同时也能从受益人那里取得更多的资助，促进族田规模的扩张。族田还通过族人的后续捐赠、族产孳息增值、分家析产提留祭产等方式不断获得增值。这其中既有自发性的，也有规定性的。范氏义庄在范家子弟手中接力，后世子孙多有为义庄出力者。“靖康之乱”后，宋室南渡，宋金作战曾使义庄受损，范之柔、范良器兄弟重整义庄，经营规模恢复到了前代的水平，明代范允临为义庄捐地一百亩，清代范瑶捐地一千亩。到清代末年，范氏义庄仍有地五千余亩，日常事务的运作有条不紊，不能不说是一个奇迹。

（三）以祭祀、族谱、族训为核心的礼仪教化系统

宗族的祖先祭祀主要包括家祭、墓祭、祠祭三种，在庄严肃穆

的祭祀活动中，维系着家族的尊卑有序。同时，乡里利用血亲共祖的观念，巩固家族团结。此外，修撰族谱在维系家族统治方面也起到了重要作用。最后，族训也依托儒家伦理道德被用来对族人进行教化。

总之，一个家族的兴盛，与良好的家风、家训以及严格的家法有很大关系。正如柳玭所云："夫名门右族，莫不由祖考忠孝勤俭以成立之，莫不由子孙顽率奢傲以覆坠之。成立之难如升天，覆坠之易如燎毛"。如果世家大族家风不正、家训不良、家法不严，就很容易衰落，所以家风、家训和家法无疑是维护士族门第的重要手段，客观上也为教化社会、繁荣文化起到了积极作用。

就士绅阶层而论，从宋代开始就出现了官僚士人阶层将经营重心由朝堂转向地方，在基层社会的公共事务中发挥作用。当然，其作为一个领导阶层出现则是在明代。绅权实质是一种地方权威，虽然士绅不握有政权，但却握有威权，它与建立在行政官僚体制上的合法权力不同，绅权多建立在道德品行等个人魅力的基础上。因此，他们在基层社会中的领袖地位是难以被皇权轻易剥夺的。但也必须认识到，绅权是具有区域性的，一旦离开特定的地区，就很难对其他人产生影响。当然，士绅身份不同，会出现影响力大小的差别，因而形成了"县绅""里绅""乡绅"等不同称谓。

作为"四民之首"和"一乡之望"，士绅既享有各种诸如优免徭役等特权，也担负着诸多社会职责。他们致力于造福乡里，倡导修路架桥、兴修水利、排解纠纷、教化民众等。同时，当遇到来自外界不公正待遇的时候，他们会代表地方利益与官府进行抗争，甚至在社会动乱之际，组织地方武装，担负保护乡族、维护地方秩序的职责。士绅在基层社会公共事务中发挥的重要作用可以视为替官府分忧。

三、官民合治

就基层社会治理体系而言，尽管受政治资源所限，中央只能对基层社会实行一种“间接”管理模式，也就是说，中央与代表民间权威的士绅阶层、宗族组织以及其他社会组织之间有相互依赖的一面。但在中央集权体制下，皇权不会容忍任何无视其权威的社会力量存在。就古代中国而言，严密的里甲、保甲等乡里制度就是中央将其政治权力渗入到基层社会的主要组织形式，官府通过此制度来确保中央对基层社会的严密控制，并抑制其他地方势力的发展。

值得注意的是，到了明清时期，日益壮大的宗族组织与士绅阶层是官府必须面对的挑战。保甲制度事实上很难凌驾于地方权势之上。于是，古代官府在承认宗族等民间组织对地方管理的基础上，尽量将其纳入保甲制中，比如，保甲的编排尽量适应基层社会的聚落形态，在宗族势力较盛的地方设立族正、族甲等。在中国这样一个有着强大中央集权的国家，宗族之所以能够扮演重要角色，就在于家族能够适应乡土社会的现实：在以农为主体的传统乡村社会中，小农终日耕作于田间，世代生活于乡里，除了完粮、服役，极少与官府直接接触。而以农业税为支撑的古代国家财政也使得官僚体系难以直接渗透到乡村的每一家农户。于是以血缘关系为纽带的宗族组织就能发挥出低层次的社会共同体作用，从而弥补官府在县以下基层社会控制方面留下的空白，并在某种程度上与政府达成一种默契。

家族对国家所起的是一种推动和巩固作用，而非离间和背叛。这也是中国传统社会“家国同构”的有力体现。譬如，在很多地方，保甲职役是由宗族组织中的各姓氏或房支派轮流顶充，由此显示在基层社会治理中，保甲与宗族是相互融合的。对此，清人冯桂芬在《复宗法议》中认为，在基层社会控制方面要“以保甲为经，宗法为纬，一经一纬，参稽互考”。尽管地方基层社会共同体与国家政权之间存在一定的矛盾，但无论是宗族组织，还是士绅阶层，在整合社会、维护民间秩序的同时，在正统文化的价值系统中与中央有着广泛的一致性。

（一）“下县的皇权”

中国古代的乡里组织，就是王朝国家权力向基层社会的延伸，以达到直接或间接控制基层社会之目的。中国古代的乡里制度，就是中央王朝对基层社会进行户口编排（若干户相聚为邻，若干邻/比组成里，若干里组合为乡），并通过强制性行政力，将全国范围的民众网罗入这种一元化的机制。如《旧唐书·食货志》中记载，唐王朝建国之初，就曾以《令》规范基层建置：“武德七年（624），始定律令：……百户为里，五里为乡。四家为邻，五家为保。”律令是在全国范围内推行的，所有州县都必须执行。

1. 官方的默认是“下县的皇权”的大背景。作为一个地域辽阔的统一大国，想要实现对各个区域的有效管理确实有心无力，所以官方选择用儒学来搭建自己的统治基础，强调“家国同构”，欲治其国必先治其家的理念通过宗族这种形式进行贯彻，以期实现对地方更有效的管理。古代很多地方的族长往往也在政府里有一定的地位，实现了宗族和政府相结合。统治阶级和大地主之间的强强联手确实是一种基层治理的好方法，族规取代了法规，执法人从县令等官员变为族长等大家长，从一种刚性的要求变成内在的道德自觉。如果作奸犯科就不再有脸面在宗族内生活，而外逃又不被其他宗族接受，单打独斗在那个社会往往面临着生存困境。因此，只能遵守族规，进而守法律己。所以大多数时期，政府都采取支持或默认的态度，为某某宗族授爵表彰，特殊时期甚至可能求助宗族，形成一个良性的双向互动。而只有在少数时期，政府才通过打豪强的方式树立自身威望，这也确实是持续不了多久的一时之计。无论哪种，都在暗中助长了宗族的气焰，使之得以存续多年。

2. 生产力的需要是“下县的皇权”存在的条件。一个宗族就是一个生产单位，在自然之力远大于人力的时代，个人一遇到天灾就是灭顶之灾，而宗族恰为个人提供了一个风险共担、利益共享的有利规避途径，不仅提高了集体协作的生产效率，而且个人在灾年也有基本的生活保障。为了生存，人们只能选择宗族，而随着后期各个宗族的固定，想要脱离本宗族跳入另一个宗族的可能性微乎其微。因此，出身血缘便决定了其宗族归属，进一步导致宗族势力的固化膨胀。

（二）构建地方秩序

广泛存在于基层社会的宗族组织（族权）与地方势力（绅权），以及各类民间社会组织，在构建地方秩序方面发挥着重要作用。因此，在乡村社会权力网络的实际运作中，政权、族权、绅权往往是相互联结、互相交融、彼此配合的。

家族血缘关系是乡村最基础的社会关系。熟人社会中，血缘对村民的政治行为有着重要影响。同一家族的同姓村民与村干部之间，是血缘“强关系”，也就是“自家人”；宗族内部有完整的组织结构，比如各房都有“话事人”，每个小房支要服从更大的宗族结构；对一些村干部来说，管理家族宗族内部事务是头等大事，红白喜事、祭祖迎神、调解矛盾纠纷，样样怠慢不得。

长久以来，农村社会自然孕育了个体行为服从整体家族宗族利益的行为规范。尤其是在家族宗族势力旺盛的地区，家族宗族具有极强的整合力，只要话事人决定行动，其他村民就有服从义务，尤其是为了本族利益团结斗争的义务。

那在今天为什么宗族日渐式微？

一是儒学不再主导人们的思想。多元化、独立自主、公正平等的近代观念越来越成熟，人们不再接受老一套的血缘为王的观念，而是更注重人的能动性和后天的奋斗，像血缘这一类人无法改变的东西自然就被放弃，这是宗族统治基础的崩溃。

二是现在的基层管理组织下设至乡。现在的中国交通便利，政策落实度高，政府不再依赖于宗族影响势力，不再给予支持，甚至在某一方面会打压这个地方的不稳定因子，其组织基础日渐消亡。

三是生产力水平提高。人们不再依靠宗族，仅凭自己也能过上很好的生活，宗族的地域有限，不能适应这种人口大流动时代的需要，所以个人逐渐从宗族里脱离出去，成为单独的个人，这又促进了个人为自己而打拼的动力，形成一种良性循环。

四是核心人物消失。在古代，当了大官就是光宗耀祖，就可以成为族长。现在，职业选择更加多样，没有人能评价哪一行地位高或地位低，宗族里的精英多了以后，这种多中心的结构远不如当初单一中心的结构在短时间内来得稳固。而且即使有精英也分布在“四海八方”，摆脱了地缘范围的宗族起不了多大的实际管理作用，故核心人物所发挥的作用不断下降，最终趋向消失。

（三）各司其职

士绅、宗族对基层社会的管理往往只是填补了传统国家因受政治资源限制而留下的权力空白，并没有侵夺原本属于国家权力管辖的范围。也就是说，随着地方公共事务不断增多，双方并不必然造成一种对抗性的权力竞争，更何况中央与民间社会实际处于一种双向互动的关系中。

虽然有学者对“国权不下县，县下惟宗族，宗族皆自治，自治靠伦理，伦理造乡绅”这个结论提出质疑，认为在乡村治理当中国家权力一直存在。但必须承认，传统乡村与国家保持着一定距离，即官事和民事是分开的，“官事官办、民事民治”。乡村社区是“没有品官的自治区”，只要农户完粮纳税，同时按国家要求服兵役，就可以在“共同体王国”中成为“自在王”。国家很少干涉“家事”“族事”，也几乎不为乡村社区提供公共设施和公共服务，乡村主要由乡绅依照民约或族规治理。

尽管乡村治理也不全是家族、宗族内部的“族治”，还有以家庭为单位的“家治”方式和在村落空间内的“村治”方式，但无论是对家治理的户长或户主，还是对村治理的甲长、保长，大都不为国家权力所左右。因为由家庭长辈担任的户主、由各户轮流充当甲长和由保内家大业大的大户推举或充任的保长都来自共同体的民间社会，理当对共同体及其成员负责。

相比于“制度”，王朝国家对基层社会的治理，还依赖齐整风俗、推行文化教育等手段。但风俗、文教属于软性因素，其施行常以某一特定区域的社会文化情况为基础，呈现出很大的地域变异。早期华夏大地上即呈现出“百里不同风，千里不同俗”的面貌，依照时制，县域方圆百里，百里不同风俗，实际上是强调在同一县域范围内的习俗多元化。

从历史来看，在强大的中央集权体制下，族权与绅权的存在得到了中央政权的支持和默许。同时，族权和绅权在协助国家控制地方社会方面也发挥着不可或缺的作用。正是由于以宗族组织为代表的民间力量与政权力量相互支持、互相补充，使得中国古代社会具有不断自我修复、自我完善的机制。民间组织的自我管理比单纯的王朝政权控制更加细密和有效，而且因其以血缘和地缘为纽带，使得基层民众更易于接受。也正是在以血缘、伦理、道德为基础的宗族与士绅的协助下，古代国家治理体系更加稳固而难以瓦解。概而言之，在中国古代基层社会治理体系中，官府与民间社会存在一种共生关系，基层社会的治理模式也因此呈现出一种官民合治的重要特征。

第二节　涌现（1840—1978 年）

“涌现”是系统科学当中的一个基础概念，现在已经在多个领域当中成为跨学科、具有普适性的新兴理论。它描述的是在复杂的系统内部有众多简单的子系统，通过聚集相互作用，从而产生高度复杂的现象。简单来说，就是整体大于部分之和当中的现象，大于部分之和的那一部分就是涌现出来的。“涌现”实现的一个最重要的原理便是获得共同的集体性认识。在中国的社会治理当中，这个集体性认识就来自于中国共产党的领导。

一、自在管理（中国共产党成立前）

1840 年以来，中华民族曾一度饱受欺凌。仁人志士都希望找到一条实现中华民族伟大复兴的道路。中国共产党成立之后，经过不懈的努力，终于在百年后使得中华民族走上了伟大复兴的征程。然而，要回顾今天社会治理的逻辑时空，就要回到 200 年前，观察建党前的社会管理，以便为今天的社会管理提供思考。

（一）晚清时开口通商后，晚清政府忽视社会管理

1840 年鸦片战争之后，泱泱中华被西方主导的工业化和殖民化大潮所吞没，在中国被迫开口通商之后，西方各国对华贸易以倍数增长。在打开中国通商口岸的过程中，西方国家向中国社会传输了两种新的社会风气：一是吸食鸦片毒品的社会风气；二是流行西洋

货物的风气。这两种社会风气给中国老百姓的社会民生造成了巨大影响。吸食鸦片彻底抽干了诸多老百姓的身家和储蓄，而西洋货物的流行又彻底摧毁了中国的民族工业。这些都源于晚清政府忽视社会管理。

1. 清朝统治者缺乏清醒的认识。在鸦片战争的惨烈战败之后，清朝统治者在两个方面错误估计了当时的国际形势和国内形势。一是清朝政府仍然相信清朝是泱泱天朝大国，其他国家不过是凭着奇迹淫巧才得到一时的胜利。其他国家最终会被泱泱大国的气度所征服，最后还是要乖乖回到与天朝大国贸易的老路上。这一根本性的错误认识使得清朝错误制定了与西方国家的相处方式，采取不抵抗的政策。二是清朝政府仍然认为农业是中国的立国之本，忽视工业，并且由此忽视由工业带来的社会管理新问题，对于吸食鸦片和西洋货物引致的社会风气，未能足够警惕。

2. 清朝统治者对损害民生的破坏行为无能为力。鸦片战争之后，英国和其他国家更加肆无忌惮地向中国倾销鸦片，使得国家财富日益外流。朝野吸食鸦片的风气逐渐失控，但清朝政府却没有任何有效的措施，不但任由国人自行种植，而且对于国外进口鸦片更无有效的阻止措施。

3. 清朝统治者长期忽视民生疾苦。洋货进入中国之后，对于民生造成了巨大的影响。人民缺乏有效的就业措施，面对诸多困难，生计无望，清朝政府却没有有效的措施去解决民生的怨念，其结果就是民心丧失，民意背离。

（二）民国初年，权威管理为主

在“庚子年变”之后，虽然清朝被迫采取效仿西方、实行新政的办法，但最终因为积重难返，最后在辛亥革命中被推翻。民国建立之后，政府提倡民权民生，在实业救国和教育救国的口号振奋下，人们对于社会管理的希望又重新燃起。此时的社会管理奉西方的管理方式为权威，各地以军法的控制为标准，在乡村以土豪劣绅的实际控制为主，这些都体现了权威管理的方式。

1. 政府鼓励学习西方，向此方向移风易俗。在人们的生活方面，西方的发达使人们改变了观念，因此民国时在社会管理方面特别强调向西方学习，对风俗也进行了全新的改变。民国之初，人们剪掉辫子，更改服装风格，从礼仪的简化到礼节的修订，开展公共卫生和体育运动。通过禁毒、禁赌和禁娼，使人们感到社会风气和精神面貌焕然一新。这是民国时在社会管理方面出现的良好局面，但可惜这个局面随着军阀割据等不断展开，未能得到良好的保持。

2. 各地军阀自成体系的散乱的社会管理。由于民国时各地军阀割据一方，导致社会管理陷入了一种混乱的状态。在 1917 年护法战争结束之后，各地军阀更加陷入混乱和分裂的状态，军阀为了筹措军费，罔顾民生。有些地区的军阀甚至鼓励或勒令农民种植鸦片，再从中抽取巨额烟税。在军阀的威逼利诱下，种植、吸食鸦片的坏风气又重新恢复。各地军阀只是以各种破坏社会管理的方式来谋取私利，并且形成了各自不同的地区社会管理方式。但总的来看，一个共同点就是军阀的强制军政管制。

这种管制方式沿用了原来的保甲制度。如广东的“牌、甲制”，广西的“村、甲制”，云南的“团、甲制”，北方不少省份的“闾、邻制”等。保甲制度使得各户相互监视和互相告发，实现了强迫劳动和争抽壮丁。这种社会管理方式是自上而下权威式的强制式管理，是封建式的社会管理。

3. 土豪劣绅成了乡村管理的直接管理者。民国沿用了过去封建制度存留下来的行政不下县，使得乡村的社会管理陷入了黑帮劣绅势力的控制范围，这种官绅相勾结的社会管理方式，以一种独特的方式展开。县以下的基层往往以血缘关系和地缘关系相结合，教化和传统的管理以家长制的统治方式展开。

二、自觉管理（新民主主义革命时期）

新民主主义革命时期，中国共产党对于社会管理的探索，主要集中在根据地和解放区。在根据地和解放区，中国共产党以马克思主义的社会管理思想为指导，实行了富有特色而且灵活多样的社会管理，初步形成了中国共产党对于社会管理的探索，比较好地实现了以农村为主要地区的有效社会管理。这一时期的主要工作是打倒土豪劣绅，进行土地改革，废除宗法制度，最终建立了一套以农民为社会管理主体的基层组织，并且使得各类社会组织和群团组织得到发展。这些工作归纳起来可以表现为以下三个方面。

（一）社会管理的体制探索

在新民主主义时期的根据地，社会管理的管理体制主要表现为中国共产党对农村的社会管理的领导，以及由中国共产党主导、基层政府实施的社会管理体制。

1. 农村基层党组织建设与根据地的社会管理相互融合，相互支持。中国共产党在农村建立的第一个农村党支部是中共安平县台城特别支部。此后，在农村发展党组织成了中国共产党根据地建设的一项极为重要的工作，并且形成了现代政党下乡的最初形态。在革命中心正式由城市转向农村之后，党的基层组织将根据地的各项事物串起来，最终将一盘散沙的中国农村整合成了一个组织化的政治社会。正是有赖于农村基层党组织这个有效的领导主体，才使得新民主主义革命时期可以涌现出有序的社会管理状态。

2. 中国共产党利用民主方式有效地实现了对社会管理的领导。

中国共产党在发挥群团组织方面做了许多工作，在工会、共青团、妇联等组织都建立了党的领导体系。这些机制把群众有效地组织起来、凝聚起来。特别是农民组织化的程度相对提高，有力地表达了农民在社会管理当中的参与和意见表达能力，为中国共产党在农村推进社会管理凝聚了社会基础和民意支持。民主方式还体现在抗日战争时期实现的“三三制”上，也就是在政权人员分配上实行共产党员占 1/3，左派进步分子占 1/3，中间分子及其他分子占 1/3 的“三三制”。通过这样的民主方式，调动了一切社会进步力量，很好地实现了中国共产党制定的“发展进步势力、争取中间势力、孤立顽固势力”的民主政治目标，为社会管理甚至革命的最终胜利奠定了民意基础。

3. 建构了有效的基层政府。苏维埃政权的建设是中国共产党在根据地诸多建设当中最主要的一个内容，也是中国共产党在根据地实行社会管理的有效政权保障。1927 年之后，中国共产党在根据地开始实行的红色政权探索当中，逐渐地涉及社会管理的内容。由于苏维埃的政权机构采取的是民主设置和民主运作，基层政府的管理体制较好地反映了人民的诉求，比较好地克服了基层政权机构当中的官僚化倾向，为社会管理的人民主体性提供了最坚实的政权保障，最大程度地实现了对乡村社会的有效管理和动员。毛泽东曾指出：“凡属于思想性质的问题，凡属于人民内部的争论问题，只能用民主的方法去解决，只能用讨论的方法、批评的方法、说服教育的办法去解决，而不能用强制的、压服的方法去解决。”① 正是基层政府管理的民主化，为政府推动社会管理形成了强大的体制保证。

（二）群众对社会管理的积极参与

在没有取得全国政权的情况下，中国共产党之所以能够取得社

① 《毛泽东文集》（第七卷），人民出版社 1999 年版，第 209 页。

会管理的巨大成就，一个极为重要的原因就是群众对于社会管理的积极参与，这是群众对中国共产党领导支持的直接表现，也是中国共产党取得社会管理成功的最主要因素。

1. 农民自治。农民协会的创立是新民主主义时期中国共产党探索在农村实行社会管理的一个重要创新。中国共产党成立之初，就曾在广东和浙江等地建立了农民协会。尽管农民协会在探索阶段出现过一些机会主义的问题，但总的来看，在有效地调整之后，农民协会的自治制度在革命战争时期发挥了巨大的组织作用，它把分散的农民组织起来，为革命凝聚了强大的力量，快速解决了社会管理当中的难题。毛泽东在《湖南农民运动考察报告》中指出："从前拜倒在绅士权力下面的人，现在却拜倒在农民权力之下。"① 农民协会成了唯一的权力机关，连夫妻吵架等琐碎的小事，都可以到农民协会去解决。农会组织为乡村自治提供了重要的组织载体，实现了政党、基层政权和乡村社会三者的良性有效互动，对后来的乡村治理产生了重要的影响。

2. 重视群众的民主制度建设。党的群众路线确保了党通过各种形式反映群众的诉求。社会管理之所以有效，就在于党的执政方略是"从群众中来、到群众中去"，一切为了实现群众的利益。在此指引下，群众自主参与了一系列民主制度建设，包括民主选举制度、乡代表会议制度和工农通信员制度等。这些都为群众自主参与社会管理提供了制度支撑。民主选举制度，就曾被人民广泛地赞誉为苏维埃最宽泛的民主。通过农民的民主选举，落实了几千年都没有实现的男女平等的选举权利，使人民真正成为社会和国家的主人。通过乡代表会议制度也实现了基础政权和民众的制度化联系。其他的诉求、建议和集会结社等民主自由制度，也使得群众获得了实质性

① 《毛泽东选集》（第一卷），人民出版社 2006 年版，第 15 页。

的更有效的监督政府的权利。

3. 组织群众参与组织建设。这一时期，中国共产党广泛地把人民群众以多种样态组织起来，其中包括共青团、妇女团、贫农团、工会、赤卫队、少年先锋队、儿童团等一系列群众组织的平台，使得广大人民群众有了一个正式参与社会管理的载体，党通过这些平台获得了与人民群众更加密切的联系。在组织建设的条件下，新民主主义时期，中国共产党领导了一系列竞赛活动。通过你追我赶的竞赛活动，把社会管理当中的各种矛盾加以调节，实现了利益的协调和秩序的稳定。

（三）社会管理的法治保障尝试

我们党重视法治建设也是社会管理在新民主主义时期得以有效实施的主要保证。

1. 制定了一系列的法律法规。在这一时期，苏维埃政府先后颁布了《中华苏维埃共和国宪法大纲》《井冈山土地法》《陕甘宁边区抗战时期施政纲领》《中华苏维埃共和国婚姻法》《中华苏维埃共和国劳动法》《陕甘宁边区营业税修正暂行条例》等各式各样的法律法规。诸多法律法规，既有从苏联借鉴过来的相应的重要法律法规，也有历史传承下来的重要法律法规。既有继承也有创新，使得这一时期的苏维埃政府在推动法治上面取得了更多的成果，为法治建设提供了重要的保障。

2. 采取了具有鲜明特色的人民性司法方式。比较典型的是马锡五审判方式，马锡五根据“一刻也不要离开群众”的司法原则，带着案卷下乡，密切联系群众，深入群众进行调查研究，巡回审理，并且就地办案等，采取了审判和调解相结合、坚持反对主观主义的审判作风，忠于事实真相的司法方式。这些司法方式大受人民群众的赞扬，曾在解放区被广泛推广。人民群众认为这样的司法方式能够真正反映事实的真相，把法治和德治的优点结合起来，既能够按照法律的规程治理，又能够对于人民群众道德上的诉求加以反馈。

3. 广泛的调解方式。从法律角度出发，新民主主义时期大力提倡调解工作，这形成了一种在特定时期实现司法灵活性的准则。尽管由于历史原因和历史条件限制，司法方式与现代司法理念存在不一致的地方，但是通过从法律角度开展调解工作，使人民群众感到幸福、感到满意，使得在社会管理下形成了法律面前人人平等的基本理念。

总而言之，新民主主义时期，中国共产党探索的社会管理体制是当时历史条件下采取的比较现实的方式，比较好地实现了政党基层组织和社会的有机融合和互动，为整个新民主主义时期的社会管理奠定了良好的社会基础。当然，这一时期的社会管理体制还不够完善，也不够稳定，而且它是特定的革命战争时期的产物。无产阶级要领导民主革命，所以需要对各种阶级的群体利益关系进行协调。但在执政党和执政组织并不完善的情况下，只能采取广泛联系群众的方式。这就意味着，不同的阶级和群体的社会治理必然要产生利益冲突，这些利益冲突只能够采取协调的方式。

三、主动管理（社会主义革命和建设时期）

在社会主义革命和建设时期，我国并没有使用“社会治理”这一概念，主要是使用“社会管理”的概念。在一个贫穷落后的新中国，许多人对于一个社会如何治理尚没有形成良好合理的认知。此时，“国家”与“社会”之间并没有明显的词义差别，其结果就是国家与社会成了统一体。具体而言，国家实行全民公有制和集体所有制，一切社会人都成为国家的人，具体表现为城市的单位体制和农村的人民公社制。因此，在相当长一段时期内，政社不分或以政代社，就成了国家管理和社会管理的基本模式。所以，现代意义上所讲的把国家与社会相分离的做法基本上并不存在，“社会管理”一般可以指代国家管理和社会管理。

在此阶段，组织起来共同走向社会主义是中国共产党领导下全国各族人民的共同选择。所以，国家与社会统一起来，必然要求中国形成高度集中的管理体制，执政党将所有的经济和社会资源掌握在自己手中，并且对可能危及社会主义制度的社会力量进行限制、收编或者消除。总的来看，这一时期主要有以下几个方面的社会管理工作。

（一）重建中国社会秩序

在新中国成立之初，重建中国的社会秩序任重道远。由于旧社会存在卖淫嫖娼和吸毒贩毒等问题，要重建一个新的文明的社会秩序急需破题。在这方面，中国共产党抓住了人民最关心的问题，从严惩治黄、赌、毒等问题到颁布新婚姻法等，构建了新的社会秩序，主要内容包括以下五个方面。

1. 实行先行婚姻制度，以求解放妇女。在新中国成立之前，全国大概有近万家妓院，其中还有许多暗娼。在这种社会痼疾的毒害之下，广大妇女身心饱受摧残。这些色情场所使得性病泛滥，并且成为赌博、吸毒的犯罪聚集地。新中国成立之后，中国共产党采取的第一个社会管理举措就是封闭妓院，改造妓女，使得广大失足妇女在新中国过上了正常的家庭生活。

在广泛和大量细致的调查工作之后，处理娼妓等社会顽疾工作稳步推进。在全国首先改造妓院的是北京市。1949 年 11 月，在北京市举行了第二届各界人民代表大会，之后通过了《关于封闭妓院的决议》，并立即开展行动。在强大的执行力之下，北京的妓院改造工作在 12 小时内便宣告完成。紧随其后，天津、上海、武汉、南京等各大中小城市开始了取缔卖淫嫖娼等行动，在全国范围内一共查抄查封妓院 8400 余所，惩治了一大批妓院老板，并挽救了一大批逼良为娼的失足妇女。经过改造，卖淫嫖娼在全国立即得到了遏制。同时，中国共产党还提倡从良的女子掌握一定的生活技能，开始新的生活。在各级人民政府的努力之下，到 1957 年，卖淫嫖娼基本禁绝。为了彻底提升广大妇女的社会地位，新中国开始颁布婚姻法（1950 年 5 月 1 日施行）。这是新中国成立之后正式颁布的关于妇女解放的首部法律。在婚姻法实施之后，在中国存在了上千年的封建婚姻观念和男女失衡的关系逐渐得到扭转。

2. 各级党和政府在禁绝吸毒、贩毒等社会公害行动上也做出了许多努力。特别是新政权建立之后，彻底铲除了种植罂粟、贩卖鸦片、吸食鸦片等社会毒瘤。1950 年政务院发布《关于严禁鸦片烟毒的通令》之后，军事已经完全结束的地区也从 1950 年春开始严禁种烟。到 1952 年，在中央和各部委颁布关于禁毒工作的相关文件之后，广大人民群众积极参与到抵制贩毒、吸毒等斗争当中，掀起了一场人民禁毒的战争。

3. 肃清匪患，实现社会稳定。旧社会土匪为非作歹掠夺百姓的可恶行径，令人民群众十分痛恨。国民党军队在溃逃时留下的 200 多万武装土匪和 60 多万特务分子，以及 60 多万反动党团骨干和各种反动势力，不断破坏新中国的人民民主政权。新中国成立之初，首先要肃清匪患，实现社会稳定。经过历时 4 年多的艰苦卓绝的剿匪斗争，到 1953 年我们终于取得重大胜利，歼灭匪特武装 200 多万人，社会稳定逐渐实现。

4. 中国共产党领导了整党整风运动，打击贪污腐败。从 1951 年底开始，中国共产党领导开展了一系列大规模的反腐败斗争。特别是将刘青山、张子善等原在民主革命当中的“功臣”严格按法律进行了处理。借此机会加强了对党员领导干部的廉洁自律教育，严查党内违规违法现象，树立了新中国新政权的良好形象，使得社会治理的组织领导得到了人民群众的广泛认可。

5. 破除封建陋习陋俗，开展移风易俗等运动。在男女平等、勤俭节约、劳动光荣等观念的推动下，追求社会平等风气日益成为时尚。在城市，人力车逐渐减少，取代它的是三轮车，不管是城市还是农村，抬轿子的行为几乎绝迹。

通过这些社会管理的举措，社会风气焕然一新，广大人民群众的思想观念也发生了巨大的变化。比如，“同志”一词在新中国成立之后迅速成为社会成员之间普遍的称呼。这预示着新中国成立之后，以新社会新气象为社会治理主要目标的基本实现。

（二）将民众组织起来

社会主义革命之后，将民众组织起来成为社会主义社会与之前社会相区别的一个主要特征。在漫长的中国传统旧社会当中，小农经济一直占据主导地位，但民众长期被排除在政治事务之外，国家集体观念淡薄，民族和国家认同感不强。这就导致了孙中山当年讲的“四万万同胞等同一盘散沙”的情况。1949 年 9 月 30 日，毛泽东在为新政协第一次全体会议起草的宣言中明确宣告：“全国同胞们，我们应当进一步组织起来。我们应当将全中国绝大多数人组织在政治、军事、经济、文化及其他各种组织里，克服旧中国散漫无组织的状态，用伟大的人民群众的集体力量，拥护人民政府和人民解放军，建设独立民主和平统一富强的新中国。”①

1. 城市所有的企业或者事业的工作人员，都成了单位体制中的

---

① 《毛泽东文集》（第五卷），人民出版社 1996 年版，第 348 页。

一份子。单位体制不仅给人们提供生产岗位，也提供了基本生活保障。各个单位实际上管理着每个个体的基本生活，同时也对每个人的政治态度、工作积极性、生活状况都加以管理。

2. 除了直接管理人们工作生活的单位体制之外，还有各行各业的行业组织。中国共产党将工人组织起来的方法是在企业和其他就业场所普遍地建立起相应的工会。1950 年 6 月中央人民政府颁布实施工会法之后，各种工会组织迅速发展起来。对知识分子则以各种协会的形式将其组织起来。比如，艺术家可加入中国文学艺术联合会，作家和艺术家可以加入中国作家协会或者中国戏曲家协会，等等。以此类推，几乎所有的知识分子都被纳入了党的管理下的各种组织网络当中。甚至对于民族资产阶级，都以合适的方式将其纳入了党领导下的工商联。

3. 在城市基层也建立了各种政权机关和组织对人加以管理。公安部在 1952 年公布了《治安保卫委员会暂行组织条例》，明确规定城市当中的机关、工厂、企业、街道和学校等各种单位都要建立起自保组织，以协助基层政府和公安机关解决社会秩序相关疑难问题，并最终使得该组织具有了行政功能。其中，街道办事处本身是城市基层政府的派出机构，它通过居委会的方式把政府的管理要求传达给每一户居民，而公安派出所则把公共安全职能行政组织延伸到了社会基层。

4. 在农村，党和政府将农民组织起来的主要方式是成立各式各样的互助合作组织。从互助组初级社到高级社，农民逐步走上了社会主义集体化道路。直到 1958 年人民公社建立起来之后，人民公社发展成为政社合一的组织体系。这个组织体系既具有经济功能也有政治功能，更加成为社会管理当中的主要管理组织，这是国家政权在农村的延伸。

通过努力，中国逐步建立起一个纵横交错、联系紧密的组织网络，实现了将人民群众组织起来的社会管理理念，极大程度地整合了社会，提高了国家的社会动员能力。在新中国成立之后，这种组织起来的结果显示了社会管理的巨大成效，人们以高昂的热情投身到社会主义社会的各项建设事业当中。

（三）广泛动员群众

除了把人民群众组织起来，这一时期社会管理的基本方法是把人民群众广泛动员起来。中国共产党始终认为人民群众是其立党之本和力量之源，所以，在社会管理中，应该注重把人民群众积极地调动起来。

在新中国成立之初，由于社会管理所涉及的事项千头万绪，并且与人民群众的利益息息相关，所以中国共产党认为只有广泛地把人民群众发动起来，打破关门主义和神秘主义，才可能使社会管理取得更好的效果。毛泽东在谈到动员人民群众参与社会管理当中时提出了三条基本原则：一是要让人民群众自觉自愿地参与社会管理工作；二是要让人民群众自己亲自参与社会管理工作；三是人民群众的积极动员要以党的领导为前提。

在第一条原则下，中国共产党主要采取灵活多样的宣传动员方式，其中包括召开各种代表会、干部座谈会和群众工作会，并且在这些会上可以进行苦主控诉，展示罪证，并且利用电影、戏曲、报纸、传单等各式各样的方式来做宣传，做到家喻户晓，人人明白。针对社会管理当中的失业问题，各级工会通过政治课、演讲会等各种方式对失业的工人进行思想教育，帮助他们重拾信心，使得很多失业人员政治觉悟不断提高，不但没有因为失业与新政权进行对抗，而且积极想方设法融入新社会当中。一个典型的事件是在抗美援朝运动中，上海就有300多位失业工人主动报名到朝鲜参战。

在第二条原则下，中国共产党主张社会管理工作要靠人民亲身参与。比如，土地改革就真正地发动了群众。农民被充分发动起来之后，他们在打倒地主阶级、划分土地之后，真正地提高了觉悟，相信自己的力量，相信在新政权下实现人民当家作主。

在第三条原则下，毛泽东曾经明确指出："凡属人民群众的正确的意见，党必须依据情况，领导群众，加以实现；而对于人民群众中发生的不正确的意见，则必须教育群众，加以改正。"① 比如，有一些运动本来是针对不法资本家的，但是在群众运动的开展过程中，有些地方出现了过激行为。就像在天津，一些工人和店员对资本家颐指气使，反对资本家不劳而获，要求资本家扫地洗碗，要求让工人按人头分红，给资本家评定薪水。其结果是一些资本家承受不了压力，选择自杀，许多资本家无心从事生产和经营，大批私营工商业处于停业或半停业状态。党中央及时采取了纠正措施，引领社会管理在有序的轨道上进行。在社会主义改造完成之后，对于发动群众之后产生的一些过激行为，也都会及时采取纠正的办法。

通过这一时期的努力，我们迅速地稳定了社会秩序，使社会风气彻底好转，各种民生问题也得到了有效的解决，社会成员的思想观念和精神面貌都发生了巨大的变化，这使得那些国内外怀疑中国共产党是否能够搞好经济社会工作的人也不得不表示赞叹。

第三节　转型（1978—2012 年）

党的十一届三中全会以来的改革开放使中国迅速进入了一个急剧变化的转型时期，中国迅速从传统社会向现代社会、从农业社会

---

① 《毛泽东选集》（第四卷），人民出版社 1991 年版，第 1310 页。

向工业社会转型。在经济高速发展、综合国力明显增强的情况下，社会问题的复杂多样性不断呈现。伴随着社会转型，中国的社会治理不断调整完善，始终围绕着“什么是社会主义，怎样建设社会主义”的基本问题不断开枝散叶，围绕着“建立什么样的社会，怎样进行社会治理”回答时代命题。

为了使得改革开放稳步推进，在1978年党的十一届三中全会之前的中央工作会议上，邓小平做了《解放思想，实事求是，团结一致向前看》的主题报告。在这篇报告中，从社会治理视角去考虑的核心关键词是“团结一致”，而贯穿1978年到2012年的社会治理的主题，就是“转型”两个字。

要理解这一时期社会治理的整个逻辑，可以围绕着一个理论三角形展开。首先是社会治理的思想得以解放，随后才能形成对社会治理的体制改革，最后形成了社会治理的相应理论创新，理论创新再推动思想解放，为下一阶段的社会治理创新提供理论动力。

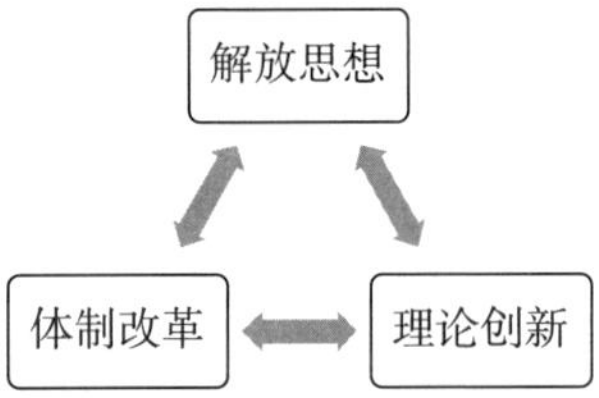

图3.1　社会治理三角形逻辑图

一、管制放松

从1978年到1992年，这是改革开放最初的14年。在这14年当中，最典型的特点是改革开放后，党带领全国各族人民进行了波澜壮阔的改革开放和社会主义现代化建设，从农村改革到城市改革，从经济体制改革到政治体制改革，再到全方位各层次的改革，从对内搞活到对外搞活，各种改革直接触动了社会管理的根本体制。

（一）解开人们思想的束缚

在改革开放之前，人们的思想在“文革”时遭到禁锢，极大地被约束在旧的管理体制之下。官僚思想仍然深深扎根于人们的思想当中，使得人们无法充分了解社会的运行与发展。改革开放之初，党中央解开了人们的思想束缚，社会管制得到真正的放松，社会治理逐渐走向良性循环的形态。

思想束缚的解放，首先是从反对“两个凡是”开始的。在粉碎“四人帮”之后，广大干部群众强烈要求纠正“文化大革命”的错误，但是在这个过程中就遇到了“两个凡是”思想的严重阻碍。“两个凡是”提出来之后，邓小平率先提出要完整并且准确地理解毛泽东思想。1977 年 4 月 10 日，邓小平给华国锋、叶剑英和中共中央写信指出：“我们必须世世代代地用准确的完整的毛泽东思想来指导我们全党、全军和全国人民，把党和社会主义的事业，把国际共产主义运动的事业，胜利地推向前进。”[①] 在针对“两个凡是”的批评过程当中，《实践是检验真理的唯一标准》发挥了主要作用。到 1978 年 5 月 30 日，邓小平在与胡乔木等人谈及准备全军政治工作会议的讲话内容时明确讲道：“现在发生了一个问题，连实践是检验真理的标准都成了问题，简直是莫名其妙！”[②] 此后，邓小平在多个场合，明确肯定和支持真理标准问题的讨论，直接批评了“两个凡是”。

在批评“两个凡是”的同时，更重要的是要恢复毛泽东提出的实事求是的思想路线。邓小平在 1978 年 9 月 17 日听取中共辽宁省委负责人汇报之后，指出：“不恢复毛主席树立的实事求是的优良传统

① 《邓小平思想年谱（1975—1997）》，中央文献出版社 1998 年版，第 26 页。
② 《邓小平思想年谱（1975—1997）》，中央文献出版社 1998 年版，第 67 页。

和作风，四个现代化没有希望。”[①] 在党的十一届三中全会之前的中央工作会议上，邓小平发表了《解放思想，实事求是，团结一致向前看》的讲话，最终实现了这一阶段的思想解放。这次思想解放也推动了各个战线拨乱反正，为党的十一届三中全会的召开和历史性转折奠定了重要的思想基础，也为社会治理的体制性改革提供了思想条件。

（二）社会体制改革

改革开放之前，我们效仿苏联的经济社会政策。在国家采取计划经济体制的同时，出现了大政府和小社会的格局。政府采取一种垂直控制社会的方式。随着思想解放运动的展开，社会团体力量逐步得到重视，大政府和小社会的格局才逐渐瓦解，社会主体的地位才逐步提升。具体来看，社会体制的改革主要体现在以下两个方面。

首先是权力配置机制的调整。在以邓小平同志为核心的党中央领导时期，权力配置的机制调整是党和政府工作的一个重要内容，也是这一时期社会治理思想的核心。在党的十一届三中全会之前，党和国家拥有绝对的控制权，不管大小事物都可以由国家进行集中调配，无论是企业还是地方，基本上对于资源没有太多的自主权。表面上看，这避免了资源的浪费，但是在一定程度上助推了企业和地方的消极情绪，甚至还会形成一定程度的寻租行为。在党的十一届三中全会之后，针对经济体制和社会体制过度集中的形式，党和国家决定对权力配置机制进行逐步调整，最主要的表现方式是国家将一部分权力下放给企业，中央将一部分权力下放给地方。最终形成了社会管理上的承包形式，各种单位形态均不同程度地获得了一定的自主权，这就使得社会管理呈现出了一定程度的灵活性。

---

① 《邓小平思想年谱（1975—1997）》，中央文献出版社 1998 年版，第 80 页。

这种权力配置的调整不只是在城市单位里，还体现在农村政权上。在农村基层政权组织当中，过去“政社合一、政企合一”的现象长期存在，通过权力配置的调整，全国的人民公社政社分开取得了较好的成效。在经济上，家庭联产承包责任制形成后，农民可以离开世世代代捆绑自身的土地。更重要的是，这种生产性的离开为社会性的流动创造了重要的条件，为后来农民参与社队工业和进城打工创造了重要条件。

与权力配置调整相结合的是工商联等、社会团体力量的加强。这一时期，工商联等社会团体是社会发展的主要力量，也是政府在社会管理当中的主要帮手。在改革开放之前，政府主要采取垂直管理方式，工商联等社会团体往往受到一系列政策和制度的约束，不能发挥其合理的作用。在党的十一届三中全会之后，党中央逐步重视工商联和社会团体的力量，提出了一系列的有力措施。1979年，在各党派和全国工商联代表大会上，党中央特别强调：“各民主党派和工商联，都是我国革命的爱国的统一战线的重要组成部分，在新的历史时期中，各民主党派和工商联仍然具有重要的地位和不容忽视的作用。”[①] 这种转变体现了党中央对民主党派以及工商联共同管理社会事务的一种期望。另外，1988 年的政府工作报告还明确指出，要依靠工会、共青团、妇联等社会群团组织，加强社会主义民主政治的建设。这些都体现着党中央和政府对于社会团体的重视。正是工商联等社会团体等不同主体力量的加强，使得这一时期的社会管理日趋有效。

与此相呼应的是，社会治安综合治理也得到了极大的重视。1991 年，中共中央、国务院作出的《关于加强社会治安综合治理的决定》明确表明：“在各级党委和政府的统一领导下，各部门协调一

① 《邓小平思想年谱（1975—1997）》，中央文献出版社 1998 年版，第 135 页。

致，齐抓共管，依靠广大人民群众，运用政治的、经济的、行政的、法律的、文化的、教育的等多种手段，整治社会治安，打击犯罪和预防犯罪，保障社会稳定，为社会主义现代化建设和改革开放创造良好的社会环境。”① 这就表明了党和国家将整治社会治安提上了更重要的日程，这也是社会管理的一种进步标志。

（三）形成了共同富裕的社会治理思想

随着改革开放后不断发展经济，人民生活水平也得到了充分提高。在探索社会主义是什么、如何建设社会主义的过程当中，中国共产党提出了实现共同富裕的社会主义本质论。相对应的，社会治理也体现为共同富裕的主要目标。

要实现共同富裕，需要“两手抓、两手都要硬”。在中央许多文献当中，都反复强调要解放生产力、发展生产力。在提高人们物质生活水平的同时，还要照顾到社会方面，特别是精神文明方面的建设。在改革开放之前，中国的物质文明建设较为落后，人民的生活水平普遍比较低。国家对经济高度关注，而对社会发展反而没有给予足够的重视，呈现出经济发展这条腿长、社会发展这条腿短的状况。社会发展既要看物质保障，还要看精神诉求，只有把社会物质保障和社会精神需求两者相结合，才能够维护社会稳定和谐。所以邓小平反复强调，在发展物质文明的同时还要抓好精神文明建设，“两手抓”的思想主要就体现在党对社会建设的全面管理上。一个社会不仅有物质方面，还有精神方面，而精神可以给物质的发展带来更多的支持。

同时，要注重改革、发展、稳定三者的关系，稳定是和谐发展的一个重要前提，党中央十分重视社会稳定，反复强调稳定才是经

① 《十三大以来重要文献选编》（下），人民出版社 1993 年版，第 1444 页。

济、政治稳定推进的前提。稳定的社会环境是保证人民利益得到充分发展的前提，只有实现了社会稳定，才能够保持经济快速发展。

共同富裕是体现社会主义本质的一个核心概念。总体而言，共同富裕不只是指人们在经济上、物质上更加富足，而是在政治、社会等全方位都实现更高层级的递进。“共同”两个字体现了社会成员之间的公平和平等观念，中国要实现的是全体人民的共同富裕，而不是少数人的富裕。在此过程当中，直接体现的是社会管理的终极目标，就是要使每个人在社会上获得更好的生活，确保社会公平正义的实现。

总的来看，这一时期传统社会管理体制逐步解体，配合高度计划经济体制而形成的一元化社会管理体制开始逐步松动，在实事求是的思想路线指导下，中国不仅在经济建设上实现了生产力的解放与发展，更在社会生活中解放了人们的思想，并且创造性地提出了社会管理的新方式。在全面推行承包责任制的情况下，各种集中体制不断被打破，社会管理呈现出了灵活性不断涌流的新局面。

二、多元参与

党的十四大正式明确中国要建立社会主义市场经济体制，中国开始对社会管理工作进行调整。到 1993 年，党的十四届三中全会提出关于企业制度、市场体系保障制度等各种制度的改革，在社会保障方面明确指出要实行科学的个人收入分配制度的调整，探索建立适应经济发展的收入分配机制，对法人和居民的合法收入要加以保护，建立多层次的社会保障体系。

党的十四届五中全会提出要控制人口增长，提高生活质量和扩大劳动就业等各方面的社会保障。至此，社会管理方面的举措开始涉及社会保障以及社会民生，为提高人们生活保障和物质生活条件、加快社会领域的建设提供了制度保证。

（一）与时俱进的思想进步

这一时期的新情况和新问题在过去从未遇到过，采取旧的方式和方法去应对显然是行不通的。因此，需要与时俱进地解放思想。市场经济转型带来的不仅是人们经济生活的变化，更重要的还有价值观念的变革。社会主义市场经济首先要求产权制度得到保障，这就意味着在市场经济条件下，个人的自主性不断地发生变化，相对应的价值观的变革也要逐步发生。而这一时期的价值观变革主要表现在正确处理人民内部矛盾、发展社会主义民主以及坚持法治与德治相统一等各方面。

在正确处理人民内部矛盾方面，要解决新产生的社会阶层是否属于人民内部矛盾的问题。这一时期对正确处理人民内部矛盾的思想进行了发展，党中央在面对与时俱进的新问题时明确指出，由于过去的许多情况都发生了变化，社会发展不可避免地会遇到各种新问题，所以不能按照老的办法去处理。市场经济的发展促使新的阶层生发出来，但同时经济和社会管理方面仍然存在自上而下的传统管制，这就带来了来自两个方面的思想干扰。第一个方面是如何看待由于社会主义市场经济不断发展而产生的各阶层之间的关系；第二个方面是如何自上而下地处理好管理的职能关系问题。综合这两个方面得出一个最直接的思想困惑，就是新产生的社会阶层在社会中发生的矛盾问题，是否属于人民内部矛盾的问题。党中央明确指出，新发生的社会阶层中，只要是爱国者，都是中国社会主义现代化建设的可依靠力量，这就解决了思想方面的第一个重要问题。

在发展社会主义民主方面，由于改革开放的成果不断落到实处，人们在经济利益上获得了很大提升。但是，人们对于其他领域的认识仍然相对处于空缺状态，所以这一时期的许多民主政治方面的问题没有得到有效解决。只有民主能够更好地推行到社会基层，让人民真正具有充分的民主意识，实现决策的民主化，才能更好地解决相关问题。如果能够借助民主集中制，将使党和政府在集思广益的基础上做出更精准的决策。对此，江泽民在党的十六大报告中强调："扩大基层民主，是发展社会主义民主的基础性工作。"①

在坚持法治与德治相结合方面，社会主义法治保障是社会稳定和有序前进的重要基础。加强法治建设，依法治国，建立社会主义法治国家也是社会主义现代化的重要目标。但在过去一段时期，人们的法律意识相对淡薄。所以，这一时期党和国家十分重视法治建设。1997 年，党的十五大把依法治国的目标由"建设社会主义法制国家"改为"建设社会主义法治国家"。由"法制"到"法治"，充分说明了社会治理法治水平的提升。与之同时，道德规范得到更高的重视，由于社会环境日趋复杂，城乡人口流动不断增加，人民的生活不仅需要法治保障，还需要德治与之相结合。党的十五大明确指出，法律和道德在保障社会稳定上同样重要，二者相互联系，互相补充。正是这一时期，对法治与德治相结合提出了更高的要求，对党和政府进行社会管理提供了重要的帮助。

（二）多主体互动

解放思想后，政府机构改革和基层群众自我治理等方面都取得了更大的进步，这一时期的社会治理改革主要表现为以下三方面。

1. 政府机构改革。推进政府职能转变取得明显成效。政府机构改革是这一时期推动政府与社会和谐相处的重要举措。政、社之间的关系虽然从邓小平时期开始提出，但是直到党的十四大才有突破性的改革和进展。在这一时期，党中央力求对政府与社会之间的关

① 《全面建设小康社会 开创中国特色社会主义事业新局面》，人民出版社 2002 年版，第 33 页。

系进行明确界定。党的十四大报告指出，下放给企业的权力，中央政府和地方政府都不得截留。这种对于政府与企业之间关系的分离表明，政社之间、政企之间的改革开始取得明显突破。为了解决政府对社会各方面管理过多的问题，党中央多次明确提出要合理划分中央与省、自治区、直辖市的经济管理权限对应的“央地之间”的职能，也要明确区分社会服务方面的职能。

2. 群众参与不断加强。这一时期，党中央对于加强群众的自我管理十分重视。党的十四大报告明确提出要想让社会建设取得更大的成效，不仅需要党和政府的领导，还需要社会组织以及全体人民群众的充分参与。要通过加强基层民主建设，发挥工会、居委会等各类主体的作用，最终使得群众充分参与到社会治理当中来。

3. 对流动人口的管理和服务进一步增强。这一时期，由于市场经济的发展，人口流动尤为突出，表现为两个方面：城乡之间人口流动和下岗人员流动。前者是指区域之间的人口流动，后者指的是岗位之间的人口流动。面对下岗人员和流动人口不断增加的问题，党中央将国有企业下岗职工的生活保障问题提上了日程：一方面自上而下保障下岗工人的基本权益，另一方面号召动员全社会力量，共同做好国有企业下岗职工的基本生活保障工作。而对城乡之间的人口流动，则主张积极引导，有序推进，特别是正确处理好农村富余劳动力向城市流动的问题。由于中国在过去很长一段时间内工业化发展缓慢，农民在全国人口当中占比很大。在市场经济和现代化发展过程当中，大量的农村务工人员又涌入城市，为了解决社会综合安定问题，国家积极引导人口有序流动。既让城市吸收一部分剩余劳动力，又通过小城镇等各种模式，吸收另一部分农村剩余劳动力，减缓了城市的就业压力。这也是保障社会安定有序的重要办法。

（三）融入“三大文明”的社会管理思想

这一时期逐渐形成了融入“三大文明”的社会管理思想，这是党中央立足当时国情的正确决策，也是党的社会管理方式不断改进的重要表现。

刚开始，改革开放的成果初步显现，经济水平和物质水平不断提升，但相应的社会矛盾问题也层出不穷，这就要求党和政府不断加强社会管理与社会服务。

为了保证社会管理取得实效，中国形成了一套社会管理融入“三大文明”的社会管理思想，这套治理思想的突出表现是从“三大文明”的角度考量社会管理的，最基础的方面是要确保以物质文明为条件。无论是政治生活还是社会生活，都必须要有一定的经济基础作为保障。然后，在一定的经济基础之上，要确保精神文明不断发展，而且精神文明的发展要真正落到基层。无论是社区文化还是乡镇文化，都要使人民真正有所得、有所乐。在这一时期，党中央强调精神文明的属性仍然是社会主义的，同时是多样性和趋高性的。通过精神文明建设能够使得人民有更强烈的主人翁意识，使其更加主动地参与到精神文明建设当中去。通过精神文明建设，可以有力地移风易俗，改变社会风气和行业风气，使得社会管理有强有力的思想保证。不可忽视的是，还要通过政治文明建设，将物质文明建设和精神文明建设都推到一个新的高度。这是确保人民当家作主各项权利落到实处的关键所在。

此时的“三位一体”，表现的是社会建设的融合的含义，物质文明、精神文明和政治文明，实际上在一个广义的社会意蕴下得以拓展，社会发展离不开三者中的任何一个方面，社会的运行和发展正是有赖于三者共同聚力才能够实现。三者相互联系，相互促进。此时的“社会”逐渐被理解为一个更广义的范畴——大社会理念。

三、多元整合

自党的十六大以来，中国经济不断加速发展，综合国力也不断增强。与此同时，社会面也在发生新的变化，特别是在实现社会公平和正义时开始面临一些冲突，主要表现在社会利益的合理分配方面。党的十六大到党的十八大坚持以人为本的总原则，提出并加强了“四位一体”的社会管理，推进了这一时期的社会建设，实现了社会管理的新发展。

（一）求真务实的思想路线

求真务实的思想路线是在这一时期提出的，这是党中央面对当下的难题，提出的新的思想路线，为解决这一时期工作上的问题提供了重要的思想指导。具体来看，求真务实的思想表现在以人为本、统筹兼顾和科学务实三个方面。

1. 以人为本。“水能载舟，亦能覆舟。”社会治理能否稳固推进，取决于人民对于社会管理的支持与否。党中央在处理社会事务时始终坚持以人为本的原则，始终把人民的利益放在最高的位置，为人民着想，推动人民生活水平的提高。这是因为我们党把人民的利益作为一切工作的出发点和落脚点，不断满足人民在社会生活当中的全方位多样性和提高性的需求，使得人们更加愿意配合党和政府制定的社会管理决策。

2. 统筹兼顾。这一时期，中国的市场经济体制推动经济快速发展，但社会稳定方面出现了一些问题。特别是社会发展当中存在的不平衡问题，不同地区、不同单位、不同人群之间，都存在着一定的差异性。这就要求我们要正确理解和协调各方面、各层次、各阶段的利益诉求。此时要将过去以经济发展为中心的狭义发展问题，以及政治、文化、社会等各方面、各种类型的问题通盘考虑，统筹兼顾。在进行社会管理的时候不能只考虑一个方面，一个角度，还要在社会治理方面处理好各方面各阶层、各种组织的利益关系，调动一切积极的因素，使得每一种社会力量都在合适的时间和空间范围之内，发挥自身的积极性，贡献自身的力量。

3. 科学务实。科学务实，也就是在实践过程中，始终要根据客观规律来办事，不能够根据主观判断来做事。所谓科学的方法就是要把大数据双盲测试的方法，落实到实践检验理论当中去。一件事情是否能做成，能否成功，取决于广大人民群众以及广泛的社会运用的检验。而求实的方法主要是指按实事求是、遵循唯物史观的方法，根据一时一地的具体情况去做事，而不是靠主观臆测。以党和政府应对“非典”的经验来看，正是要坚持科学务实的原则才能真正地把为人民服务的群众路线落到实处，以人民决定哪一种方式适合人民，哪一种方式让人民得到实惠，讲实话，出实招，办实事，求实效。最后还要埋头苦干，真抓真改，考虑到人民的生活需求和未来的发展，而不是简单地只顾及当下。

（二）打造新的社会管理格局

党中央考虑到经济社会的快速发展，特别是经济对于社会领域变化所造成的影响，决定建构以党委领导、政府负责、社会协同和公众参与相结合的社会管理新格局。这个新格局，党委是核心，政府起主导作用，而社会中介是社会组织，人民群众是社会治理格局的群众基础。

1. 以党委领导为核心是社会管理新格局的关键所在。中国共产党是我国的执政党，把党委作为社会管理格局的领导核心，就是要明确党要总揽全局、统筹兼顾，适时了解社会发展的全部动向，并根据社会不断前进和演进的逻辑做出适当的决策。同时，还要针对不同地区、不同人群，实现政府、市场、企业、社会等全方位实现良性互动。党中央在民主和法制建设上明确强调中国共产党始终要做到心中有人民，保证人民的合法权益不受损失。除此以外，党委要引导整个社会思想朝着中国特色社会主义的方向前进。

2. 以政府负责为主导是执行党的政策的关键环节。政府是社会秩序建立、维护和发展的力量，在社会管理事务当中起着决定性的作用。党委在深入了解社会运行的过程中获得的有效信息之后做出的决策，主要由各级政府执行。政府是在党的领导下，执行公共意志的关键主体。在新的形势下，我们主要打造服务型政府，在管理过程中不是以政府是否方便、政府执行成本是否低廉为标准，而是以人民群众的利益如何实现以及在何种程度上有效实现为标准。

3. 社会运行的中介是社会组织。中国的社会组织在改革开放以来逐渐被重视。这一时期，社会组织已经在社会协同中发挥了更好的作用，其中，工会、共青团、妇联等群团组织和基层群众自治组织等各种组织，不断加入社会运行当中去，而社会协同就是各种社会力量共同发挥作用的一个重要结果。在《2012 年社会服务发展统计公报》中，到 2012 年底，全国一共有社会组织 49.9 万个，比上年增长了 8.1%，而这些社会组织吸纳的社会各类就业人员达到 613.3 万人，形成固定资产 1425.4 亿元，接受社会捐赠 470.8 亿元。与 2002 年全国共有的社会组织数量（13.3 万个）相比，短短十年，社会组织数量实现了飞速的发展。

4. 人民群众是社会管理新格局的基础。胡锦涛在党的十六届四中全会中明确强调，中国提出群众利益无小事。在这一时期，中国共产党尽力办好人民最在意的社会生活中的大事，包括人民群众最关心的教育、医疗等各方面的重要问题，形成了这一时期社会体制改革的重要内容。

如果中国把这一时期的社会体制改革大事做一个归纳，可以发现以下几方面的举措关乎社会体制改革，并且对社会管理产生了深远的影响。

第一，2005 年取消农业税。农业税的取消是一件具有划时代意义的大事，它标志着在中国延续了 2600 多年的农业税最终成为历史。这成为中国乡村治理进入新阶段的标志性大事，给亿万农民带来了看得见的物质利益，极大地调动了农民的积极性，推动了农村经济的快速发展和社会的稳定和谐。

第二，这一时期初步建立了我国的社会保障制度，其中包括基本养老、基本医疗、失业、工伤、生育等五项社会保障制度，以最低生活保障为重点的城乡社会救助体系也在逐步成型。党的十七大再次提出到 2020 年实现覆盖城乡居民的社会保障体系，人人享有基本生活保障。这一时期初步建立的社会保障体系，标志着我国实现了从传统的家庭保障和计划经济的单位保障，跨越到社会保障的历史性阶段。

第三，城市化进程加快。比较而言，1949 年中国的城镇化率是 10.64%，1977 年中国的城镇化率达到 17.55%，2002 年中国的城镇化率达到了 39.09%。到 2011 年，中国的城镇化率上升到 51.27%，这是中国历史上第一次城市人口超过农村人口，标志着中国数千年以来，以农业人口为主的城乡结构发生了根本性逆转。这是中国现代化进程中的一件重要大事。至此，中国的社会运行和社会保障方面都发生了极其深刻的变化。

第四，高等教育实现大众化。1999 年，中国决定扩招，大幅度提高高等教育的招生规模。到 2002 年，中国的高等教育毛入学率已经达到 15%，教育逐步从精英化进入大众化阶段。高等教育毛入学率指标到 2006 年时已经达到 22%。我国高等教育的规模先后超过俄罗斯、印度和美国，成为世界第一。经过短短几年的努力，中国取得了其他国家30—50年才取得的高等教育大众化成就。2012年，中国高等教育毛入学率已经达到27%，从大众化走向普及化。按照这一时期的设计，2015年的目标是36%，2020年的目标是40%，接近中等发达国家平均水平。到2020年，中国高等教育毛入学率达到54.4%，超额完成了当年设计的目标。

（三）突出“社会建设”的和谐社会思想

这一时期，党中央把社会治理的思想进一步提升，主要体现在将“社会建设”纳入“总体布局”。变成“四位一体”，从而形成了和谐社会的重要思想。

1. 推进社会公平正义是这一思想的重要主题。虽然国家在改革开放过程中实现了经济的快速发展，政治上也有了良好的改善，在文化事业上取得了极大的突破，社会面貌焕然一新。但是在人民生活水平提高过程中，社会问题并没有得到完全解决，社会贫富差距逐渐拉大。这是人们对社会不满的一个主要原因。所以，这一时期形成的主要思想重点是要解决社会公平正义问题。党中央特别重视社会管理的方式和方法，把推进社会公平正义的实现，作为这一时期的重要思想主题。

2. 突出“社会建设”的社会管理。在社会问题日益突出的现实下，党中央根据中国国情的新变化，将“社会建设”与其他“三位一体”的内容并列，以此完善社会管理。在面对社会复杂局面时，中国共产党没有因为社会问题的复杂性而退缩。社会管理当中存在的各式各样的矛盾，已经与经济、政治和文化的矛盾有了质的区别，重点表现为群体性的问题。解决社会问题，成为辅助解决其他一系列社会主要矛盾问题的重要手段。

3. 构建社会主义和谐社会。社会主义和谐社会是突出社会建设的社会管理思想的重要发展。各种社会关系复杂多变，只有把社会关系和社会行为进行协调和规范，才能够使得整个社会变得更加和谐。在经济高速发展的时代，社会关系也会比较复杂和多样，在社会行为没有得到严格的界定、社会关系没有形成更好的协调关系时，社会秩序难以实现相对稳定的状态。所以，这一时期提出构建和谐社会，实际上是对各种利益进行协调的一种方式。党的十六届四中全会指出，由于社会存在着多种因素，既有积极的，也有消极的，所以多种主体共同参与、共同分享、共同努力、共同建构美好的社会，就是要实行多元的利益，共建共享。

第三章

共同体的运作：社会治理的现实机理

党的十八大之后，新时代的中国共产党人创造性地探索与发展社会治理的现实机理。究其根本，社会治理的现实机理是以共建、共治和共享为实现原则，创造一套减少多主体的“异质性”，增进其“同质性”的共同体运作方式。在共建中尽量把参与的人“搞得多多的”，推动多种主体参与，各司其职且各尽其能。在共治中尽量让共建的人都想说话、能说话和说了有用，使多主体积极参与到社会治理中。在共享中尽量让社会治理多主体具有获得感和幸福感，使社会治理主体感到社会治理始终以人民利益为中心。

2019 年 12 月，人民网和中央党校联合主办的“2019 年全国创新社会治理典型案例颁奖会”上，坪山区民生诉求改革案例获评全国最佳案例。坪山改革最大的特点是建设了一个民生诉求系统——“@ 坪山”。在此系统中，人们办理民生诉求就像网上购物一样方便。人们发现民生问题后可以在系统中点单，系统会分类交给相应部门，并按事情的难易程度设定办结时限。群众能看到工作进展的全过程，事后还可以评价。目前，咨询类事件一天办结，建议类事件三天办结，投诉类事件七天办结。这个改革的全称是“以民生诉求改革为抓手，构建共建共治共享新格局”。

党的十九大报告指出，要打造共建、共治、共享的社会治理格局。党的十九届四中全会通过的《中共中央关于坚持和完善中国特色社会主义制度　推进国家治理体系和治理能力现代化若干重大问题的决定》提出：“坚持和完善共建共治共享的社会治理制度，保持社会稳定、维护国家安全”①。2020 年 8 月，习近平总书记在主持经济社会领域专家座谈会的时候，强调要正确认识和把握中长期经济社会发展的重大问题，其中有一点，就是“要完善共建共治共享的社会治理制度，实现政府治理同社会调节、居民自治良性互动，建设人人有责、人人尽责、人人享有的社会治理共同体。要加强和创新基层社会治理，使每个社会细胞都健康活跃，将矛盾纠纷化解在基层，将和谐稳定创建在基层”②。

为什么要提构建共建共治共享新格局？从理论上来看，这是贯彻新发展理念、满足社会治理现代化的最新要求。共建共治共享从主体、路径和目标三重维度相互交织的角度切入，三者密不可

① 《中国共产党第十九届中央委员会第四次全体会议文件汇编》，人民出版社 2019 年版，第 12 页。

② 习近平：《论把握新发展阶段、贯彻新发展理念、构建新发展格局》，中央文献出版社 2021 年版，第 376 页。

分，最终体现的是中国特色社会主义社会治理的内在逻辑和要素构成，它能够使我国社会治理的理念进一步科学化，使其结构进一步合理化，最终彰显中国特色社会主义社会治理的制度优势。

从实践上来看，中国已有的社会治理体制包括党委领导、政府负责、社会协同、公众参与、法治保障五个方面。其中，党委领导和政府负责是中国特色社会主义社会治理的最大优势来源。但是在各地不同的党委领导力和政府负责力的前提下，社会协同、有序扩大和公众参与又有很大的差异。当前中国面临的一个最主要的挑战就是社会协同如何实现的问题。一是社会主体协同的体制机制需要构建。新的时代条件使得不同的社会主体产生了更加多样化的社会利益，不同的社会主体之间如何根据不同的利益和已经形成的制度，达成有效的社会协同，就成了当前中国面临的社会治理当中一个最大的问题。二是社会主体需要在相应的体制机制下充分发展积极作用。三是不同的社会主体不只是被动的社会治理参与者，还是社会治理最终利益的分享者。除此之外，其他四个方面仍然需要形成新的合力，找到共建共治共享的合理路径。

第一节　共　建

共建本身要回答的是社会治理要依靠谁来实现的问题，也就是说，我们不能把社会治理的所有责任都放到党委和政府的头上，而是要充分发动社会各方的力量，实现真正的共建。在总的目标下，特别需要明确的是不同社会主体的角色定位以及职能职责。最终要形成多主体参与、各司其职、各尽其能的行为决策体系。

一、多元参与

多元参与有一个基本的前提，那就是必须坚持党对多元参与的统一领导。多元并不意味着没有核心，反而意味着在党的统一领导的基础之上，尽最大的可能引入多方力量，实现社会治理。

（一）坚持党对社会治理的集中统一领导

中国特色社会主义社会治理的最大特征就是坚持党对社会治理的集中领导，通过党发挥总揽全局和协调各方的领导能力和作用，最终确保社会治理的加强和创新，拥有强有力的政治保障和组织保障。

1. 只有党才真正把实现人民幸福看成最终的奋斗目标。中国共产党始终把为中国人民谋幸福、为中华民族谋复兴作为初心和使命。100 多年来，中国共产党始终把人民的利益视为最终的追求目标。在抗日战争时期，三八五旅驻扎甘肃庆阳市，一位战士犯了严重错误被判处枪决，但是一大群老百姓却为了他下跪，希望给这个战士一个上战场戴罪立功的机会。尽管这个故事不是在强调纪律，但是正是因为党领导的军队在为人民服务的同时，战士与当地群众结下了深厚的革命友谊，人民才会把战士当成自家人。那么，中国共产党人究竟做了什么，即使犯了错误，人民群众也会原谅他？中国共产党人该怎么做，人民群众才会将其当成一家人？毛泽东当年的比喻比较恰当："我们共产党人好比种子，人民好比土地。我们到了一个地方，就要同那里的人民结合起来，在人民中间生根、开花。"① 正是因为中国共产党始终把人民利益看得至高无上，所以才能领导中国人民实现有效的社会治理。

---

① 《毛泽东选集》（第四卷），人民出版社 1991 年版，第 1162 页。

2. 中国共产党的领导并不是拍脑袋决定的，而是充分发挥了群众的智慧。1929 年，毛泽东在古田会议上说，一切工作都要在党的讨论之后，坚持群众路线去执行。到 1943 年，毛泽东在关于领导方法的若干问题中指出，一切正确的意见必须是从群众中来到群众中去，所以陕甘宁边区创造了大豆选举法，在农村地区建立互助组，在工商业建立合作社，等等，都是集中群众智慧的做法。

3. 中国共产党又是最讲规矩最讲原则的政党。在局部执政时期，陕甘宁边区就曾通过了《陕甘宁边区抗日时期施政纲领》，同时还制定了得宜的选举条例、减租减息条例、改善工人生活条例等。在新中国成立之后，中国始终坚持依法治国，最终不断完善社会治理的法律和法规，形成了井然有序的依法治国体系。

（二）坚持政府负责

社会一旦形成，政府就必然产生，它对于维护社会秩序是必需的。政府的产生本来就是民意推动的，人们支持的政党只是通过政党实行的公权授意。社会有效治理离不开政府公权力的有效运用，因为众多公共事务需要政府出面解决。缺失了政府这个主体，社会治理自然产生的外部性溢出就很难有市场和其他主体来自然解决。在同样的情况下，由于存在不同的社会主体，竞争会因其各自的要素禀赋差异，演变为垄断性质的社会治理状况。最终，某些具有较强权力、较强力量的社会主体，会垄断社会治理话语权和实际控制权。

（三）多元主体协同

从广义的角度来看，党和政府也属于多元社会主体之一。而从狭义的角度来看，一般会将多元社会主体理解为除了政府部门之外从事社会建设和治理等活动的各类社会力量。其他社会主体协同主要是指党和政府之外的不拥有公共权力和政治权利的机构，但又与企业机构不同，它不以盈利为目的，而是以增进公共利益为目的。这类社会主体提供公共服务，成为社会服务的社会力量，通常被称为“第三方力量”。从学术的角度来看，也有学者将它们称之为“公民社会”。这些多元社会主体的发达程度，标志着一个社会发展的程度和社会治理的成熟度。

从一般的国际经验来看，参与社会建设的第三方力量数量很多，但是可以将其概括为三大类型。首先是社区组织，也就是通过一定的住宅范围，以住宅地域为依托构成的各类居民自治性组织和机构。其次是社会组织。社会组织一般在国外表现为“非政府组织”（NGO），这些组织一般具有某个领域的专业性，它以服务社会和全体大众为主要目的，不以盈利为目标，它是社会公共产品和服务的重要供给力量。最后就是公民个体。作为社会中的自然人，公民个体也是社会主体的重要组成部分。当然，每个国家的社会主体情况都会有所不同。在我国，事业单位也是一种社会主体。按照目前的事业单位改革方向，事业单位的未来改革与发展趋势应该是向社会组织的方向发展。

从民事法律的角度来看，我国现阶段的社会主体可以分为以下几类：公司、非公司制的企业，个体工商户，民办非企业单位，社会团体（人民团体），基金会，事业单位。如果从组织的角度来考虑社会力量的话，政党、政协国家机关仲裁委员会、人民调解组织、农村集体经济组织、居民委员会、村民委员会等也属于社会主体。

从中国的实际情况来看，很有必要把盈利性组织也纳入社会主体当中。因为中国拥有大量的国有企业，这些国有企业会表现为一部分的公共属性，而且在中国的私营企业当中，有些企业进行党建，即便没有进行党建的企业也对社会公共服务有较大的贡献。

由于在社会主体当中，社会组织居于公共服务的重要供给地位。因此，多元协同最重要的就是社会组织积极参与社会治理，与政府和其他社会主体相协同。中国的社会组织已经在我国社会快速建设和发展中有了四个不同阶段的演进。

第一阶段，社会组织实现了从无到有。以1995年在北京召开的世界妇女大会为标志，中国向全世界传递出社会组织在中国可以得到充分发展的信号，社会公众可以通过自我组织的方式参与到社会公共事务当中来。这一阶段出现的社会组织有一个典型的特点，就是特别容易被赋予道德标签。这些社会组织虽然形成了，但是在解决问题的过程中，往往会受到道德的约束而放弃部分公共服务的供给。比如，某某慈善基金会因为捐赠的经费和捐赠的物品，在向特定地区、特定人群投放过程中，可能面临着来自社会各方的质疑，这种质疑会影响这个基金会的正常运作。

第二阶段，是进入专业性挑战的阶段。在此阶段，人们开始把社会组织的专业性提到更高的层次。比如，要向边远山区的农民提供慈善公益服务，那么就要考虑合适的方式，而不是简单的输血式供给。

第三阶段，是社会组织进入社会与政府互动的阶段。这一阶段的典型特点是政府利用财政资源购买社会服务，由此政府重新介入社会治理当中，并且在资金资源政策等方面对社会组织的正常运作加以支持。

第四阶段，是社会组织进入社会组织生态化阶段。在此阶段，社会组织不仅提供政府购买服务和专业服务，还形成了一个完整的社会组织生态系统。不同的社会组织负责社会公共服务当中的不同部分，有些负责信息的筛选，有的负责提供中介服务，有的根据中介服务，针对性地对公共公益领域提供帮助。

由此可见，在中国的社会治理当中，多元参与已经形成了一个相对成熟的社会治理体系。尽管各类社会主体还存在着不同的问题，比如某些社会组织与政府之间的关系还存在依附关系。但是随着社会治理的不断深化，这些社会主体的独立性问题和专业性问题最终都会得到解决。

二、各司其职

多元参与实际上表达了社会治理当中的不同社会主体及其逻辑关系，也就是说，一个社会治理系统当中应该存在着哪些社会主体，而“各司其职”就是要对不同的社会主体各自的社会职能进行明确的界定。

（一）党在社会治理中的领导职能界定

党的领导是确保社会治理有效的根本政治保证。从历史角度来看，无论中国共产党是在局部地区执政，还是在全国层面执政，都通过正确的领导在社会治理当中发挥着积极的不可替代的作用。1927 年，在“三湾改编”当中，中国共产党通过确立了党对军队的绝对领导，把支部建在连上，对根据地的社会治理产生了极为深远的影响。在闽浙赣苏区，各级党组织依靠强有力的党的领导进行了文化教育，发展了民政事业。

在抗日战争时期，中国共产党在陕甘宁革命根据地探索出了协商民主的有效政权结构——“三三制”。在这种有效的政权结构条件下，形成了中国特色社会主义统战路线，实现了团结一切可以团结的力量，把各方的力量真正纳入社会治理当中来。在抗日战争后期。中国共产党发布了《关于统一抗日根据地党的领导及调整各组织间关系的决定》，其中强调每一个根据地都应该形成党的统一集中领导，这种党的领导的体制构建，使得根据地的社会管理形成了良好的局面。

新中国成立后，中国吸收了之前的成功经验，继续加强党在社会管理方面的领导，在巩固新生社会主义政权方面形成了有效的社会治理格局。遗憾的是，后来一段时期，“踢开党委闹革命”使社会治理进入了无序的混乱状态。这种情况直到党的十一届三中全会，中国重新回归对社会治理的集中领导，通过加强和改善党的领导，社会治理又重新焕发了新的活力和定力。改革开放 40 多年以来，中国诸多实践早已证明，只有中国共产党在社会治理当中发挥“定海神针”的作用，才可以确保社会治理在正确的政治方向上继续前进，保证社会健康发展。

（二）政府在社会治理当中的职责职能界定

目前，社会治理当中存在着两种形态的政府职能，一种是大政府，一种是小政府。

大政府是指政府牵头各项社会治理事务。中国长期处在由政府牵头各种公共事务的状况下，此时的政府是大政府。中国的企业组织和公众的一般各项事务和活动的执行都依靠政府来主导，出了问题也依然要依靠政府来兜底。大政府的治理方式在计划经济时期，在物资比较短缺的情况下，确实取得了令人欣喜的成果。虽然从客观来看，政府对于每一件事情都事无巨细，可现实情况却是在大政府管理条件下，各部门之间名义上都有管理权，但社会治理出了问题时却没有人管理。也就是在相对粗放的管理方式下，政府要求十八般武艺样样精通，但是十八般武艺样样稀松。所以大政府的社会治理方式成了近些年来人们争议的焦点，摆脱完全的大政府成了社会治理的共识。

小政府是指政府的干预降到最小，充分发挥社会的自我治理和自我调节作用。小政府要求各种社会治理主体借助不同的平台和网络，相互之间形成有机合作，最终在社会中形成社会治理合力。小政府形态实际上源自西方自由主义政治学的一个概念，它是一个典型的舶来品。这个概念在学界有较多的拥趸，但是在政策层面却仍然遭到普遍的抵制。一些支持小政府的人四处抱怨，政府缺乏深化改革的勇气。

客观地说，小政府形态实际上是不适合中国国情的。小政府的理念是基于政府作为公权力存在天然的恶，只要将公权力限制到很小，那么社会治理当中每个人的权利就可以得到彰显，就能保证社会治理的有效性。确实，公权力对于私权利的影响在历史上的确是存在的，从 19 世纪末到 20 世纪初的沙俄政府对革命者的流放，到民国时期国民党制造的白色恐怖，这是公权力对于私权利的干预。但是，如果不考虑客观条件和前提，简单地认定所有的公权力必然会损害私权利，这个归纳就必然存在问题。

每一个社会中政府与非政府的两种社会治理力量一般是达到一个总和均衡，而且这二者之间的博弈是灵活的，他们相互之间对于社会治理的控制是此消彼长的关系。如果政府放弃对于社会治理的控制权力，那么这一部分控制权力必然会到别的社会治理力量当中去。而对于单独的原子化的个人有没有能力对于社会治理的权力进行控制？答案往往是不能。因为在自由进化的社会当中，必然会形成形形色色的社会组织，这些社会组织有的经过政府认可，有的未经政府认可，比如黑社会组织，这种组织在政府放弃权力的情况下会形成事实上的“地下政府”。这些“地下政府”表现为带有封建色彩的宗族事例，或者带有帮会涉恶性质的黑社会组织。从民国时期延续下来的乡绅制度就可以看到，在没有强大的以人民为中心的公权力的保护下，单独的个人权利几乎无法得到保障，只会形成一个个的“白毛女”。

因此，有必要对大政府和小政府的两种基本理念进行综合和调整。把大政府当中的强势权力与小政府当中的强势责任结合在一起，形成一个不大不小的“强政府”。“强政府”没有将社会上所有的事情通通包揽，而只是集中在核心治理事务当中。这些职能至少应该包括以下三个方面：一是对于社会治理体制和机制改革的基本职能；二是推动社会治理，在已经确定的社会制度下框架运作；三是保障社会制度得以运行的基本公共职能，比如基本的民生工作，还有保障社会正常运行的综合治理工作。

（三）其他非政府性质的社会主体的主要职能界定

1. 非政府组织的一个重要职能就是帮助政府转变执政理念。一是非政府组织的这一职能是历史形成的结果。自改革开放以来，经济社会发展满足了人民的低层次需要，人民对于社会治理的参考需要不断地上升。二是这种需要也得到了党和政府的回应。党和政府坚持社会治理依靠人民，所以在法理条件下尽量为各种非政府组织提供了充分的帮助。三是这个职能也是由非政府职能本身优势决定的。非政府组织在参与社会治理中更容易进行创新，而不易受到类似于政府的系统约束。另外，这类社会组织所依据的各类群众基础使它们更容易获得社会治理的资源。

从过去的实践来看，全能式的执政理念已经不再合宜，虽然不能完全转向一种无政府状态，但仍然需要向着有限型执政理念转化。从基本逻辑来看，随着人们日益增长的多样性和趋高性的需要变化，所有的需要都由政府来完全提供是难以想象的。居民在生活中提出了各式各样的要求，而政府虽然提出了居民点单、政府买单的服务方式，但随着人们的需要不断多样，政府会陷入人力和物力难以为继的情形。在民主协商过程中，中国看到了其他社会组织主动对接居民的需要，为政府提供协助。

2. 非政府组织承接了政府下移的相关管理职能。在有限政府的建设过程中，必然出现部分政府职能的下移，从而呈现一个职能转移给社会的过程。但是，从社会组织状态而言，相对原子化的人们在自我组织上还存在不少困难。这一情形就要求基于特定群体利益的非政府组织的成立，从而对政府下移的职能进行承接。

这种承接一方面表现为政府对非政府组织的委托代理，即通过行政合同、行政委托或授权等方式使非政府组织代替政府行使一部分政府职能。这样，政府可以从纷繁的具体事务中跳出来，从而提高宏观层面的社会治理。另一方面，非政府组织为政府走向有限性、降低政府的成本、实现适度执政创造了可能。

三、各尽其能

要确保社会治理共建的实现，除了多元参与和各司其职之外，还要使各种社会主体各尽其能。要使各种主体各尽其能，可以从三个层面切入，分别是技术、制度和文化三大层面。

（一）从技术层面来看，“各尽其能”体现为提升各主体社会治理的能力水平

通过发挥各社会主体在社会治理当中已经积累起来的各种技术方法、知识和技巧，使得各主体能够各尽其能地发挥社会治理作用。

1. 以强化组织力为依托，提升党在社会治理当中的能力。中国共产党领导下的社会治理与旧中国的社会治理最大的区别之一在于打破了过去政权不下县域的传统体制，将党的领导伸展到了基层的细致末梢。自“三湾改编”以来，中国共产党领导军队的优良做法——支部建到连上——正不断地被运用在治国理政各个方面，而其重要体现就是组织力。党的十八大以来，以“党建+”引领组织力的提升，成为社会治理能力提升的关键，各个地方形成了新的网

格化治理，保证每一个网格都有党建引领。这是党的领导嵌入到所有社会治理当中形成强大组织力才产生的最优结果。

根据历史和实践经验，中国可以通过运用正确的方法来强化党的组织力。党的组织力是要有分寸的，管得太死就会形成一潭死水，也不能管得太松，否则就会“波涛汹涌”。因此，对于各级党组织来说，就是要通过坚持辩证唯物主义和历史唯物主义，提升在社会治理中的领导能力和作用。中国还要增强党在组织方面的专业能力，这些专业能力包括现代信息技术手段的运用、各领域的社会治理专业化技术等。还有很重要的一个方面，就是要增强党对社会力量的动员能力，只有发挥党动员社会力量的能力，才有可能将全社会参与社会治理的活力和内生动力激发出来，这也是在坚持党的基本路线方面的必然要求。

2. 以“放管服”的目标，提升政府在社会治理中的能力。政府要借助正在广泛和深入开展的“放管服”的目标，将全能型政府向有限型政府进行彻底的转变。政府可以通过行政合同、行政委托以及行政授权等各种方式，将“放管服”进行深化，使得政府的规模可以得以缩小，政府的运行成本得以降低，实现适度合理和高效的政府运作方式。

3. 以运用专业技能为办法，提升社会组织的桥梁作用。不同的社会组织结合不同的社会主体，通过该类社会组织本身自带的专业技能，主动与政府对接职能转移，架起政府和企业、政府和社会之间的桥梁，使得资源合理高效地配置到适当的社会群体当中。

（二）从制度层面来看，“各尽其能”体现为完善社会治理的制度水平

制度可以确保社会治理正常运行，而且形成一套约定俗成的社会准则，可以使得这种社会准则按照特定的制度要求有效展开。

1. 要完善利益协调和表达机制。社会治理的共建必然是建立在不同社会主体利益的协调和表达当中。只有优先建立起各社会治理主体的利益表达机制，使得不同的主体找寻到不同的维权体制，才能确保社会稳定的推进。从国际经验来看，需要顶层设计一套有效的利益和协调表达机制，确保社会各方的利益能够有效地上传和下达。

2. 推动公共服务和社会治理相结合的制度建设。一方面，形成消除城乡之间和区域之间的各类差异的体制和机制。比如，积极改革与户籍挂钩的公共服务体制，把城乡和城市内的二元结构进行消解，确保社会流动在合适的范围内，人人得以主动参与社会治理。另一方面，要加快建立社会保障、医疗、教育、住房、民政和公安等各部门的政策和信息联动体制和机制，确保社会各主体能最大程度参与公共服务的信息提供。

3. 积极有效地推动依法治理。依法治理是最大的制度治理。中国已经初步形成了相对完善的中国特色社会主义法律体系，下一步就是要进一步完善法律和法规。其中的重点应该是要尽量实现“法不禁止则可为”，全面推动政府在法律的框架下依法行政，社会组织在法律的框架下主动有效实现社会治理的有效性。

（三）从文化层面来看，“各尽其能”体现在发挥文化方式助推社会治理创新的新路子

1. 以文化人，可以涵养社会治理自觉。社会治理的核心是人，而人在社会生活中的精神条件是文化环境。不同的社会主体根据不同时期的文化要求，形成不同的社会治理自觉。2019 年，有一首刷爆朋友圈的网红歌曲——《网格员之歌》，它是崂山区社会治理指挥中心的原创歌，这首歌曲一经推出便受到广大人民群众的喜爱，从而推动大家更主动地参与到社会治理中。

2. 以文凝心，可以构建社会治理网络。在社会治理中，不断开展的各种文化项目借助网络等平台传播，并将各层面的社会主体引入治理网络中，打通了社会网络各条血管，凝聚了不同社会主体的最大力量。

3. 以文牵引，可以搭建社会治理平台。不同层面的社会治理文化活动，促使政府职能发生转变，政府从过去“包办”转向“备案”。在此情况下，社会力量被源源不断地发动起来，形成了项目申办、社会招标、政府购买等新形式。乡土文化展、诗词大赛、文学创作赛等项目不断开发，群众参与社会治理的热情不断提升，从而也反过来对党、政府和社会组织发挥能力提供了最好的推动力。

第二节 共 治

“共治”回答的是社会治理怎么开展的问题，即通过党委领导、政府负责、民主协商、社会协同、公众参与、法治保障、科技支撑实现社会治理的社会化、法治化、智能化、专业化。实现“共治”，必须健全党组织领导的自治、法治、德治相结合的城乡基层治理体系，提升党在社会治理中的政治领导力、思想引领力、群众组织力、社会号召力。破除社会治理中存在的体制机制弊端，提升政府主导社会治理和提供公共服务的能力。推动政府治理和社会自我调节、居民自治良性互动，调动群众参与人民内部矛盾化解、社会治安防控、公共安全预警与应对等方面的积极性。探索创新基层群众自治实现途径，搭建便捷议事平台，提高基层群众自治活力和能力。增强政府运用法治思维和法治方式化解社会矛盾、解决社会问题的能力，引导群众依法维权、依法办事，同时充分发挥德治的社会教化作用，积极培育和践行社会主义核心价值观，营造积极健康向上的社会心态。加快促进区块链、大数据、人工智能等现代科技深度嵌入社会治理全过程，构建精细化服务感知、精准化风险识别、网络状行动协作的智慧治理平台。

一、畅通表达

中国共产党起源于政治运动，是在动员社会、改变社会、重构社会关系中出现的，它先是重构社会关系的决定性力量，而后才表现为连接国家和社会的纽带。在当前中国改革发展转型的背景下，社会各阶层的不同利益诉求层出不穷，已经成为社会矛盾凸显时的一种重要表达形态。因此，畅通表达是保证党和政府能够听到群众的呼声、照顾到各方利益的一个重要渠道。

畅通表达的实质，实际上是社会各主体向党和政府或者相关社会组织表达自身利益诉求的途径和办法。任何的表达都是利益的表达，只有社会主体的利益以适当的形式或者通过中介传达到具有决定权或者决策权的相关主体当中，并且使其真正形成有效反馈，才有可能使得社会治理实现有效的上下互动和左右互动。

在我国实现畅通表达主要有两大途径，这两种途径关系到社会共治能否有效实现。

（一）利益组织化的表达

从我国的实践来看，利益的组织化表达可以一分为二：政治组织和社会组织。

1. 政治组织。政治组织主要指人民代表大会、人民政协和由政府所设立的相关信访机构。

从人民代表大会的利益表达来看，当前民众的利益表达方式日趋多样化，而通过政治参与表达自身利益的渠道也在不断增加，通过代表的代议民主是其中最重要也是最有效的一种表达方式。

人民代表大会制度是我国的根本政治制度，是中国共产党在国家政权中充分发扬民主、推动人民当家作主、实现全过程人民民主的重要制度载体。

人民代表大会制度保证一切权利属于人民，每个公民都有权利选出代表自己利益取向的人大代表。虽然个体的利益取向难免会有不同甚至发生冲突，但人民代表大会制度能强化集体利益，促使人们以集体利益为重，并通过协商的方式实现相互理解，进而达成共识。

从人民政协的利益表达来看，政协作为沟通国家公共权力和民众个体权利的利益互通表达机制，其存在的价值在当今中国的转型时期尤为重要。遗憾的是，当前人民政协在利益表达方面还存在一些困境。比如，界别的设置相对滞后，有些社会阶层未能被有效涵盖进去。有一些界别的边界不够清楚，存在着交叉和重叠的现象。比如，共青团和青联，科学界和科技界等，存在着一定的交叉重叠。特邀界别涵盖的人数较多，构成也较为复杂，特点表现也不够鲜明，对于共同关心的话题展开讨论的可能性相对减少。

除此之外，民主党派的功能发挥上还有一定的问题。比如，对于民主党派的利益表达界定不清，定位不明，而且表达的内容有时会存在随意性，调研力量薄弱。这都与民主党派成员来自各行各业且本职工作相对繁忙有关。政协委员的履职还存在着一定的制约因素和困境。特别是基层政协委员人数太少，有的乡镇仅三个委员，工作难以开展，导致政协小组的影响力比较弱。加之选拔政协委员时常向名人和名家倾斜，导致有些委员难以充分发挥政协的职能。与之相反，有些委员素质不够高，作用发挥不大。更重要的是，在传统观念上，人们认为政协委员身处“二线”。正如一位政协工作人员所言，长期以来，不少人认为政协工作只是开会拍拍手，表决举举手，议政不开口，等等。这些都反映了政协的尴尬地位。

政协的利益表达功能不可或缺，可以从改善委员的产生和培养机制、建设政协参政议政的平台着手。在改善委员的产生和培养机制着手方面，人民政协正在不断地发挥作用。正如全国政协反复强调的，要把每个委员的积极性、主动性和创造性调动起来，要把委员的作用发挥起来，使得政协在广大公民的有序政治参与中发挥更大的作用。一是要高标准地选好委员，把好入口关，尽量考虑新兴阶层政协委员比例，突出选择修养高、能力强、形象好的代表人物，确保委员构成具有广泛的社会性。二是要确保委员参政议政的热情，使其不会因为本职工作而无法正常履职。三是要搭建好合适的平台，现有的政协参政议政平台往往是依托基层政府而展开，而不是依托自身而展开，其结果是虽然政协本身具有参政议政的权利，但本质上所处的平台却并不独立，影响了政协获得利益诉求表达的合适途径。因此，对于政协的参政议政平台的建设刻不容缓。

从政府设立的相关信访机构来看，信访制度是我国特有的一种权利救济制度，长期以来发挥着重要而积极的作用，是社会利益表达的均衡器和减震阀。信访所反映的利益诉求问题，有助于解决社会共治的根本问题。现代冲突理论的代表人物科塞提出过“社会安全阀”的社会治理概念。即，当一个社会紧张程度达到一定水平时，需要获得一定的释放途径。这个途径不一定是原始野蛮的冲突行为，而是可以寻找一定的替代手段，比如释放敌对和进攻情绪的制度，这些制度一般被中国称为社会学意义上的安全阀制度。而我国的信访制度扮演的就是社会安全阀角色。人们通过不同形式的信访来表达个体的利益意愿，实现缓解冲突和减少冲突的情况。

事实上，每当社会发生变革，当改革进入到一个领域，而该领域的体制和制度还不够健全和规范时，往往就会容易引发一系列问题。这些问题往往会导致信访数量急剧上升。比如，国企改制复转，军人安置或者土地征收等。当然，中国也必须得承认，信访制度存在着一定的不足。许多群体性事件表明，当群众向政府和相关信访机构表达诉求时，有时经过艰难而漫长的信访过程，但问题却难以得到有效解决，从而积累更多的冲突力量。考虑到中国转型时期各种问题不断增加以及信访结果的有效性欠缺，目前我们已经普遍地建立了人民建议征集制度，国家信访局每年都会受理各类群众来信，建议类的来信也逐年增多。未来我国通过改善信访制度，尽量可以解决这些问题。

2. 社会组织。我国的社会组织自身的组织程度较低，相当多的社会组织又带有很大的依附性。所以，社会组织在利益表达方面相对软弱，很难达到预期的效果。历史经验表明，市场经济体制的发展会要求政府在一定程度上尽量克制自己的有形之手，这就对发展社会组织提出了更高的要求。社会组织的发展是人们在市场经济转型时期自发形成的，是在保护自己合法权利的过程中探索出来的。而在未来经济社会发展过程中，社团组织畅通利益表达将会成为常态。

（二）公开舆论表达

公开舆论表达一般是指通过现有媒介（比如电视、网络、报纸和电台等）表达利益的一种途径。在社会经济发展的过程中，随着改革开放的步伐不断加快，越来越多的人希望通过公开的舆论渠道来表达自身的利益诉求，直到对社会造成一定的压力，从而实现自己的利益诉求。

在新媒体时代，公开舆论表达呈现出前所未有的新特点。首先，舆论表达中公众的传播作用日趋重要，打破了原有单一机构才能够形成利用媒体发布和引导重要舆论的格局。其次，舆论在传播过程中碎片化日趋明显。由于新媒体中的发布者可以是任何个人，在任何时间，因此舆论的发表往往呈现出碎片化特点，且难以控制。再次，公共的舆论呈现多元性和复杂性，不同的意见得以公开碰撞，底层的复杂情绪也可以得到宣泄。从次，公共舆论成为参政议政的新景象。不断出现的各种网络问政参与国家治理的 App、各种参政议政的新媒体新平台成为官方了解公开舆论的重要场合，也成为官方慎重思量和应对的重要平台。最后，公开的舆论变得越来越难驾驭，因为不同的民众间有不同的诉求差异，而且民众的利益诉求存在着趋高性，再加上受到外来思想文化的冲击和国内经济政治社会文化等改革的深化影响，公开舆论表现出复杂性和层次性，使得官方应对遭到了巨大的压力。

从根本上说，无论是新媒体还是旧媒体，本质上都是传播公共舆论的一种工具。世界各国各种势力都希望引导或者掌握公共舆论。在当前新媒体技术和运用上，“西强东弱”的基本格局仍然存在，因此中国需要适当强化对于公共舆论传播平台的监管，同时采取有效的舆论对冲手段，形成多样性、符合新时代的舆论传播手段，将公共舆论引导到建设有中国特色社会主义的道路上来。

二、民主协商

当前我国经济社会发展总体相对稳定，但是在社会治理当中仍然存在比较复杂的情况，所以需要在社会的各个领域对各利益主体进行关系协调，改善各自的环境，化解社会主体之间的矛盾，以便凝聚共识。社会治理当中的民主形式与前面所讲的利益表达有直接关联，其中涉及政党协商、人大协商、政府协商、政协协商、人民团体协商、基层协商以及各种社会组织协商等各类形式，体现的是全过程的民主和参与式的民主。

民主协商是人民内部围绕着共同问题，相互之间在合适的平台进行广泛性商量的过程。这个过程一方面能够推动人民有序参与政治决策，另一方面能够使得主政者的决策更加科学化和民主化。这是基于中国共产党群众路线基础之上的中国特色社会主义优势。如果能够充分发挥民主协商在社会治理当中的作用，就能够增强社会各主体积极参与社会治理的可能性，凝聚社会治理的最大共识，形成社会治理的最大公约数。正是因为民主协商在新的时代条件下更多容纳了政府社区、非政府组织等各类社会主体，因此，改革开放以来，中国逐渐形成了新的社会共识，这种社会共识要求中国的民主协商呈现新的特征。

（一）多元协商

实现民主协商的大前提是协商的主体是多元化的。只有当涉及的社会各方利益主体共同参与、共同讨论、相互妥协，针对一个社会治理项目进行谈判和解，才可以将其称之为多元协商。

美国分析社会哲学的创立者玛格丽特·吉尔伯特（Margaret Gilbert）认为中国所谈论的社会群体的基本概念是有共同信念或者共同行动的多元主体的概念，多元主体才是切实有效理解社会群体的最优选择。当一个社会现象存在着多个社会主体参与时，才有可能成为社会现象。作为多元主体的一个成员，个体必须开放地表达他的意愿，每个共同参与的成员就共同意愿达成共识。吉尔伯特关于多元主体的讨论中的集体意志，被吉尔伯特称为意图主义，即在一个集体当中，每一个个体都只需要明白它是一种构成整个主体的特殊的方式。相应而言，多元主体是一个集体存在的核心条件，当个体都把自己看成整个集体当中的一个构件时，这一系列个体便形成了社会主体。如果将吉尔伯特的理论转化为社会治理当中的民主协商时，就便于理解多元主体的问题了，所谓的社会治理的有效性及最高准则，其实就是在一定时间一定范围形成一定利益平衡稳定的社会群体。这正与吉尔伯特所讲的集体概念相吻合。只有充分地将一个群体当中的社会个体引入到协商当中，才可称得上真正的民主协商。

以一个社区的治理来看，基层的党委、居委会、业委会、物业和居民等各类主体都应该以各自的方式积极参与社区的社会治理，如此才有可能推动社区治理重大事项的有效解决。随着时代的发展和社区社会治理实践的不断推进，社区治理当中的主体一般会呈现出“一核多元”的模式，这种模式常常被概括为“1+3+N”。“1”往往代表的是社区综合党委，在整个民主协商当中起着领导核心作用。“3”指的是社区居委会、社区工作站和社区服务中心。“N”指社会组织和其他在社区当中的相关单位，他们都属于社区当中的各类各种主体力量。

当前社区治理当中的社会主体多元化的确存在着民主协商的困境。其中主要包括社区主体当中的利益诉求多元化。一是一个社会主体有其特定的利益诉求，而不同的主体之间就产生了利益诉求多元化，很难找到一个共识的可能。二是由于不同的社会主体参与民主协商的热情不一，导致其参与度不同。最终要形成社会治理的协商时，必然会存在着部分主体利益缺失讨论的现状。三是社会主体力量不同，不同社会主体之间本身存在着利益差异，但是在民主协商当中，其本身展现出来的主体力量又相对存在差异，因此在协商过程中难免会存在着超出一般性平等的结果。

（二）平等协商

平等协商意味着多元主体在进行协商时，地位是平等的。相较于过去传统的协商而言，平等协商意味着各个主体对于信息获得的不对等、决策过程中的话语失落问题都能得到解决。平等协商要求尊重每一个社会主体的声音，尊重他们的利益诉求，并且给予每一个社会主体平等参与讨论、谈判和决策的权利。

在封建社会，保持一个封建王朝的统治相对稳定的有效办法，就是实现平等。东汉的王符认为，“所谓贤人君子者，非必高位厚禄富贵荣华之谓也，此则君子之所宜有，而非其所以为君子者也；所谓小人者，非必贫贱冻馁辱厄穷之谓也，此则小人之所宜处，而非其所以为小人者也”。这个说法批评了当时主流社会认为富贵的人就一定是闲人，而贫困贫贱的人一定是小人的思想，批评了当时社会不平等的思想状态。王符极力反对划分尊卑的等级思想，本质上是一种社会平等的思想。在他相应的论著中，他甚至把天子和奴隶进行了对比。他的社会平等思想具有先进的意义，敢于反对当时的主流思想。但他和墨子一样，主要关注所谓有贤能的人是否得到重用，如果这样的人未能得到重用，就认为是不平等的，他显然没有意识到他关于不平等的批判是建立在当时的封建等级制度之上。但这种先进的思想揭示了在一个朝代更迭的时代，人民对于统治集团的选择所看重的正是平等。

东汉后期流传的《太平经》以及农民运动的口号，都体现了社会平等的思想，认为只要是作为人，都应该有平等的生存权利。也正是因为对于平等权利的追求，导致了后来一系列的农民运动。

明末清初之后，社会平等思想已经更加深入人心。尽管这种社会平等思想只是在封建王朝的等级制度之下的一种萌芽，但是已经体现出当时经济社会发展特别是所谓商品经济的发展、市民社会的崛起以及城市存在的平民阶层对于自身权利的要求。

以史为鉴，当历史发展到市场经济或者商品经济较为发达的时代，也就必然要求参与市场经济或者新的社会运行状态下的各类社会主体能够实现相应的平等协商的状态，如此才有可能形成一个相对可行的交往方式。

在社会治理的实践中，回顾过去的社会治理例子可以发现，2008年开始的上海市出租车行业的集体行业协商，就是平等协商的一个典型代表。从2008年开展的行业集体协商到今天具体谈判过程中的协商，双方始终坚持义务对等，充分表达各自的诉求，同时注意相互理解，求同存异，最终取得了令企业和职工较为满意的结果。这个结果使得经过出租车行业集体合同三轮签订，内容不断丰富，标准也逐步清晰，使得出租车司机的劳动权益得到了更加坚实的保护，驾驶员的权益有了全新的保障。

（三）共赢协商

在19世纪末和20世纪初，理论界出现了团体真实人格理论，这个由英国法学家弗雷德里克·威廉·梅特兰（Frederic William Maitland）和英国政治学家哈罗德·约瑟夫·拉斯基（Harold Joseph Laski）等人提出来的理论在第二次世界大战之后获得了较大的发展。美国学者罗伯特达尔将其发展之后，形成了当前较有影响的多元民主理论。多元民主理论可以用于解释共赢协商是民主协商的重要环节。多元民主理论把现代社会看成多元的社会，其中的民主政治应该是由社会各主体进行讨价还价，最终达成妥协的实际博弈结果。因为过去传统的民主化理论主要注重宪法上的分权和政府内部权利的权衡，它们是建立在社会多元机制权衡缺失的基础之上的。社会多元权衡机制的存在是实现民主的关键。所以，只有政府和社会的权力制衡机制共同发挥作用，才有可能使得民主真正得到保障。

多元民主理论的内核实际上是强调社会主体的利益都可以在协

商之后实现共赢，当不同的主体以讨价还价的形式进行有效的集体博弈，最终把有限的社会利益进行合理的格局划分，最终达到人人相对满意的利益分配格局时，这样才有可能使得政府和社会的权力达到相应的制衡，才是真正实现民主。当前中国，各个社会主体的利益都可以在党的领导下的社会治理协商当中，找到一个合理的利益边界。客观地说，当前中国社会各主体的利益共赢，往往是建立在党领导下的政府让渡公共利益构成的一个新格局，而这种让渡的利益与现有的理论当中所提到的主体竞争或者讨价还价得来的共赢，还有一定的差距。中国特色社会主义下的社会主体共赢反而表现为党领导下的其他主体的利益让渡或共生，而不是充分讨论和竞争过后自动达成的利益协调。

共赢协商的一个典型例子，便是国家医保局与药企进行的药品谈判，谈判成果实现了医保、企业和参保人三方的共赢，使得数以百万计的参保人员得到了实惠。首先中国必须看到，在医保谈判的过程中，实际上是医保部门与企业在一个平等协商的基础之上，商谈一个双方认为合适的价格标准，通过以量取胜的方式将药品纳入医保目录范围。这种协商共赢以十多个发达国家、亚洲国家和一些境外地区相应的药品价格作为参考，谈判的价格要低于国际最低参考价格标准。就是因为采取了有效的谈判手段，实则就是共赢的协商方式，所以近年在谈判现场多次上演灵魂砍价和双方谈判分毫必争的场景，通过视频的方式传播给普通大众，并为大众所津津乐道。

三、共同决策

从社会管理到社会治理的一个最典型的变化，就是决策权更加多元化。共同决策体现了社会治理的一个关键指标。具体来看，共同决策包含三个方面的内容。

（一）决策知情

决策知情是指在社会治理的决策过程当中，与群众面对面、心交心，强化群众观点，走群众路线，使得社会决策的全过程公开透明。决策的知情权要体现在社会决策形成过程中的前、中、后三个环节。

1. 决策之前的公开。在社会治理决策形成之前，有必要广泛向公众宣布相关的决策事宜，提供公示、听证、咨询和旁听等各种有效方式。针对特定的利益群体，还可以采取点对点的信息传递方式，比如通过微信群和短信等方式告知有关利益相关方。

2. 社会决策中间过程的透明。现代社会治理，通过数字化的公众治理渠道，已经可以打造多元协同的决策机制。其中各国政府已经在尝试打破政府与公众信息之间的不对称，让公众可以广泛地参与到公共事务和社会治理的决策当中。各国政府已经在充分发挥互联网和物联网等信息技术公开共享的属性，利用各种网络平台创建了信息通畅的数字化公众参与渠道。

3. 社会决策之后的回馈。一个决策做出来之后，其落实往往是最困难的，通常决策会以抄告或者通告的形式发布。这种做法有时难以使得特别利益相关方获得准确的信息。现在这一问题在数字化技术的加持下得到了有效的解决，社会治理可以利用数字化的技术将决策定点精准投放，显著提高群众对于决策的知情权。

（二）参与决策

参与决策是社会治理水平显著提高的一个重要标志，群众能够参与到决策当中，群众的诉求、愿望以及群众的集体智慧都可以成为各级政府形成重要社会治理项目决策的依据和目标。

从西方国家的实践来看，公众参与决策权是多层次多维度的。

西方自20世纪80年代以来，在经济危机和社会危机不断发展的过程中，诞生了社会福利改革运动，为了使得社会福利改革向有利于社会治理的方向推进，西方社会产生了一种多元参与合作共治的理念。这个理念主要体现为参与决策权，该决策权包括以下几个方面。

一是突破政府和市场简单的二元对立，避免政府在社会治理当中的一元主导。引入政府和市场之外的社会领域，特别是对一些社会组织敞开大门，推动各种社会组织积极参与到社会决策当中来。

二是这种理念特别强调参与式治理，也就是政府、社会公共部门和私人部门以及广大公民个体都参与到社会治理当中，强调每一个社会治理决策都应该使得多元主体在决策当中有表达意愿并且形成影响的权利。

三是在这个理念当中还特别强调多中心和协作。政府、市场和社会各自所结合的社会主体，并不像过去一样，只是单纯由政府来进行管理，它们形成了一种类似于企业合作的有共同利益和目标的伙伴式关系。正如前文所言，它们将在地位平等的基础之上进行谈判合作。

更进一步看，为了保证决策的参与性，西方国家把政府和市场、社会之间的结构进行了调整，形成了今天大家讨论较多的小政府和大社会的治理体制。自二十世纪七八十年代起，英国和美国两个国家的政府推动形成了社会福利改革运动。其典型的做法就是将大量的社会服务项目推向市场，其结果就是在社会市场当中共同决策。

在发达国家，工会在处理劳资关系过程中已经成为一个有效的社会主体。在工会周期性开展与雇主协会进行的一系列涉及劳资双方利益问题的协商和谈判时，需要双方共同决策，提高劳资双方的参与度。所以在谈判陷入僵局的时候，一般西方的工会和雇主协会将发挥指导性作用，请劳资双方或者政府指定的第三方参与到决策当中。正是社会或政府等多种主体直接或间接的参与，保证了劳资双方的共同参与和决策，提高了共同决策的可执行性。

从全球社会治理的创新实践来看，非诉讼纠纷解决机制成为新的共同决策参与方式。非诉讼纠纷解决机制是一种替代性的纠纷解决机制，是指在司法体制之外的纠纷解决机制，目前这种非诉讼式的纠纷解决机制已经在英国、德国、澳大利亚和日本等诸多国家进行广泛推广。这种机制注重从宗教、意识形态和道德等各种非硬性的约束力量切入，使得各个社会主体形成参与决策的价值观念，从而使得在社会治理当中遇到需要社会共同决策的事项时，大家尽量寻找意识形态、道德规范和宗教信仰等共同的价值观念，最终经过各主体的道德价值层面的相互谅解和认同，以期达成决策的共识。

（三）决策监督

决策监督对政府进行社会治理的部分管理工作是一个倒逼机制。决策监督有利于提高政府在社会治理决策方面的科学性，增强民众对于政府的信用感。决策监督中采取的典型的办法主要是开设意见箱和公开举报电话等方式。具体来看，决策监督需要把握三个主要的角度：一是对于决策目的的预控；二是对决策进行动态治理；三是对决策之后的监督。

1. 对决策目的的预控。从目的预控的角度看，决策监督是一种防止决策在落实过程中导向不可控的重要方式。在现代社会当中，人们的诉求日趋多样化和复杂化，同时这种诉求可能转化为现代社会治理中的复杂性和风险性因素。结果是，只有通过适当的决策监督，才有可能确保共同决策的结果能够真正落到实处。

预控的决策监督需要借助评估工具。决策的社会风险评估机制可以有效增强决策的可行性。在国外，决策的社会风险评估涉及的内容非常多，比如法律风险、社会稳定风险和环境风险等，还包括对风险管理体制的评估。要评估决策在运行过程中可能遇到的各类问题，包括社会主体是否按照决策执行，环境是否发生变化等。可见，只有建立一套科学和完整的决策风险评估体系，才能对决策进行有效监督。

2. 对决策进行动态治理。从该角度看，对共同决策的监督还要考虑现有社会治理当中存在的监测体系和预警体系，可以结合社会治理当中已经广泛运用的云计算、物联网等各种信息化手段，对决策开展过程中的各类信息进行有效收集。特别是涉及社会治理当中普罗大众比较关注的重点问题，如公共安全、卫生安全、食品安全、交通安全、人口安全等各种重点领域。对这些领域都要有合理的动态跟踪和舆情监控，为决策者以及执行者提供一个有效的信息支撑，确保决策在推进过程中有效且合理。在发达国家，一般都建立了相对比较高效而且规范的主体动态信息融合体系，确保决策有效推进。

3. 对决策之后的监督执行。决策之后的监督执行确实存在一些困难。考察国外的实践可见，一般对事后监督会采取两类行动。一是要求事前建立一套比较完整和科学的指标体系，这套指标体系要求主体、客体和空间都要明确，以便实现有效监督，保证决策监督的有效性和可持续性。二是要事前成立相应的独立专业，特别是要建立具有公信力的评估机构（一般以第三方的形式），通过该类评估机构推动决策后的政策实施得到相应的监督。

第三节　共　享

在社会治理中讨论“共享”，本质上是说明社会治理“为了谁”

的问题，即通过社会治理可以使得人民安居乐业，社会安定有序，最终社会治理的所有成果为人民共同享有。从这个结果来看，可以提高人民的幸福感、获得感和安全感。在实现共享上，只有坚持以人民为中心的发展思想，才有可能使得所有的利益真正公平地惠及全体人民。

一、全体普惠

全体普惠使得社会主体在共建共治当中获得自身相对满意的相应利益。社会治理的基本逻辑是多元与平等，而实现多元与平等的前提条件是全社会全体成员能够普遍地得到实惠。而全体成员普遍地得到实惠才可能形成利益共同体，才有可能真正参与到社会治理共建中来，激发社会共治的积极性和主动性。

特别要说明的是，所谓的全体普惠并不是指所有的社会治理利益必须普遍无差别地落实到每一个社会主体头上，而是指在特定机制设定的前提下，只要是具备相应条件的社会主体，都可以得到普遍无差别的服务。比如，针对婴幼儿的服务，只要是婴幼儿都可以得到同等的服务，这个就可以称之为普惠。我们可以从以下几个角度来理解社会治理中的全体普惠。

（一）从公共性的角度来理解

普惠性从公共性的角度理解为公共精神。公共精神是超越个体呈现为更加社会化的一种精神。所谓的普惠性是提倡公共精神，保证社会治理能够使得全体人民普遍得到实惠的一个基本逻辑。美国的社会学家罗伯特·D. 帕特南（Robert D. Putnam）曾经对意大利进行过一个长达 20 多年的实证研究，根据意大利 1970 年开始的打破长期中央集权模式的改革兴起的公共主义治理，写成了《使民主运转起来——现代意大利公民传统》一书。在书中，他认为意大利之所以能在第二次世界大战之后实现快速复兴和繁荣，一个很重要的方法就是意大利没有忽略国家的公共传统，推动了国家公共精神的发挥，最终人与人之间高度信任，促成了国家快速复苏和发展。

传统中国权威主义下的公共性还可以从“公”和“共”两个字的解读来理解。根据《说文解字》，“公”与“私”是相对的两个概念，“公”具有公正、公平和公开等意思。具体而言，“公”属于象形文字，表明神圣性和权威性的共同体意涵。正是因为“公”的存在，才有可能使得社会资源以一定的方式相对均等地分配给社会成员，因此才表现为“共”。简单地说，就是有“公”才有“共”，公共是合二为一的。

在中国传统理论视角下，公共性的形态一般表现为三个历史过程：一是权威主义公共性；二是国家主义公共性；三是多元主义公共性。正是因为这三个历史形态不断演进，形成了现代性的社会组织，推动了社会资源分配场所的“个体——共同体——公共场域”转变，人人都能从社会治理中获得实惠，成了公共形态发生的关键。

其中，权威主义公共性既包括国家权威，也包括社会权威。通过这两种权威压制“私”的资源分配结构。国家主义公共性把一国看成资源分配的最终载体，不同的“私欲”均以服从国家分配为准绳。多元主义公共性则跳出单纯的国家含义，把不同的现代性社会主体构成不同的公共体，形成人人共享一定结构的社会资源的新局面。

（二）从西方发达国家的早期实践来看

从西方发达国家的早期实践经验来看，他们形成了普惠型的社会福利制度，这是全体普惠的一种实践。社会福利制度是指一个国家或者地区在社会服务领域，政府或者社会组织采取一定的筹资方式，满足社会服务需要。社会福利制度相对完备的国家和地区，社会整体服务体系相对完善。这种相对完善的程度又决定着社会服务水平的高低。在代议制民主不断发展过程中，西方各国的政府意识到要发展普惠型的社会福利制度模式，并对社会服务模式当中福利津贴筹资方式的费率采取了统一原则，在社会服务中采取普遍主义原则，即在某一类社会服务当中国家对于所有的社会个体一视同仁。

普惠型社会福利制度侧重于强调政府对于社会福利和相关服务的公共责任。市场和社会都会在社会服务提供过程中产生外部性和搭便车行为，因此无法要求非政府组织或其他社会主体提供普惠性的社会福利服务，只有西方各国在高税收和高度的政治共识的基础之上，为了获得代议制下的选票，声称要达成公平和平等的普惠福利目标，才会形成国家全方位的干预，最终实现社会治理的普遍主义。

在西方国家的普惠方式中，比较典型的是瑞典的普惠制的社会福利模式，形成了从摇篮到坟墓的社会福利制度。人民在收入、医疗、教育和住房等各种民生领域都有一系列的保障，对于相对弱势的群体提供全民性的保障，可以确保他们在北欧生活得相对安全和稳定。这种普惠型的方式最大的特点是采取了强制的社会化。在高税收的支持之下，每个人都必须参加统一的社会保障体系，同时也要支付相应的高税费。当然，人们也享受到了由国家统一安排的各种社会保障。这种社会保障体系体现的就是全体普惠性，主要的普惠项目包括以下六大类（见表4.1）。

表 4.1　瑞典的普惠项目表

普惠项目	普惠内容
儿童保障	从怀孕开始一直到孩子出生，父母都可以享受相应的医疗补贴和产假补贴，1—16 岁的儿童每个月都可以领取相应的儿童补贴。
教育保障	从小学到大学全部实行免费教育，一年级到九年级的学生可以享受免费午餐，高中学生每个月可以领取一定数额的助学金，大学还可以获得一定的助学金或者低息的学费贷款。
医疗保障	生病期间获得 100%的免费治疗，还能获得 80%的病休补贴。
退休保障	退休 100%能领到保障正常生活水平的退休金。无论是否在瑞典工作过的公民，65 岁以上都能够领到最低额度的养老金。
失业保障	所有的失业者从失业的第 6 天开始，可以得到国家发给的 80%的失业补贴。
住房补贴	向低收入、有孩子或者低收入的退休家庭提供住房补贴。

资料来源于笔者对瑞典的普惠项目材料整理。

（三）从中国的实践来看

中国已经采取了多种形式的普惠发展方式，其中比较典型的是国家发改委和卫健委在 2019 年开始推动三岁以下婴幼儿照护服务发展的相关工作。在应对老龄化过程中，一边是全面二孩政策在不断地落实，一边却是许多三岁以下婴幼儿没有办法得到合理的托管。两部委开始推动的三岁以下婴幼儿照护服务，就是一个普惠的服务。

本书笔者参与研究的养老案例组中的“新余市颐养之家”就是一个典型的普惠实践。江西新余在全国首创“党建+颐养之家”的养老服务，这个项目从 2016 年起，由组织部门和民政部门共同推动，主要是在全市农村构建赡养老人的“食堂模式”，新余通过市、县、乡三级政府各自按照一定比例筹资之后，再结合老人自缴的 200 元，结合社会各界人士的爱心捐款，建设起幸福食堂，只要达到一定年龄的老年人都可以到食堂吃饭。这就是一种典型的普惠措施。同时，“党建+颐养之家”的幸福食堂的选点一般靠近村卫生室，为每个老人都建立了一份健康档案。这也是普惠措施之一。这些普惠措施的推行确实带来了社会治理的新风气，使得老年人及其家属更加主动地参与到社会治理当中来，每年的爱心捐款也日益增加，形成了良性循环。

二、公平享有

英国经济学家阿瑟·塞西尔·庇古（Arthur Cecil Pigou）在其《福利经济学》（*The Economics of Welfare*）（1920年版）一书中提出，即便是在社会财富总量不断增加的情况下，只要实行均等化的分配，也能够促进社会福利。他提出此观点的理由是穷人的一块钱增进的边际效用要比富人的一块钱增进的效用要更大。对穷人来说，多一块钱是雪中送炭，对富人来说，多一块钱不过是锦上添花。通过将富人的收入转移给穷人，社会福利会因此增加。尽管庇古的观点受到过一些批评，但是他提出的享有层面的公平，却对社会治理来说具有切实的意义。

党的十八大以来，我国逐渐形成了公平享有的社会公平保障体系，这套保障体系主要包括权利公平、机会公平和规则公平三大内容。到党的十八届四中全会，中国逐渐在强化规则意识基础之上，促成了社会公平保障体系的进一步发展。

（一）权利公平

权利公平是指在特定的前提框架下，所有的主体按照宪法和法律的要求获得权利，任何主体都不能被排除在外。权利公平至少有三重含义：权利的主体平等、享有的权利平等以及权利保护和权利救济平等。

1. 权利的主体平等。从国家治理的角度来看，国家对于每一个拥有合法身份的公民都不应该有任何的歧视或者偏袒。在改革开放之初，权利的平等主要体现在法律面前人人平等。党的十一届三中全会明确提出，要保证人民在法律面前人人平等，不允许任何人有超于法律之上的特权。中国关于法律平等的大讨论由此拉开。

由于对于法的阶级性存在着不同的认识，所以持不同观点立场者有了关于公民平等和人民平等两个观点的讨论。一些学者主张人民平等，他们认为平等只能存在阶级的范围之中，只能在人民内部存在平等。另一些学者认为法律要统一平等地适用于所有的公民。直到五届全国人大二次会议，叶剑英在闭幕词中明确提出："国家的法律是人人必须遵守的。一切公民，无论是党内党外、上级下级，无论是什么社会地位和社会成分，在法律面前一律平等。"[①] 在1982年的宪法当中明确规定："中华人民共和国公民在法律面前一律平等。"[②]《法治社会建设实施纲要》（2020—2025年）再次强调："树立宪法法律至上、法律面前人人平等的法治理念"[③]。这就意味着将近几十年来，社会主义法律面前人人平等的理念真正地坚持了下来。

2. 享有的权利平等。享有的权利平等最主要是体现在基本权利平等。

需要理论有两个主要的理论体系，一个是恩格斯提出来的需要三层次理论，另一个是马斯洛提出来的五层次需要理论。美国耶鲁大学的克雷顿·奥尔德弗（Clayton Alderfer）认为，马斯洛提出来的需要五层次理论存在着一定的理论缺陷，需要进行重组。经过他的研究之后，提出了一种新的人本主义需要理论。由此，他把人的

---

① 《叶剑英选集》，人民出版社1996年版，第511页。

② 《中华人民共和国宪法》，人民出版社1982年版，第17页。

③ 《法治社会建设实施纲要（2020—2025年）》，人民出版社2020年版，第3页。

需要从五个变成了三个。

克雷顿·奥尔德弗提出的第一个需要是存在需求，是指与人们基本的物质生活和生存直接相关的，保存自身生命完整的物质存在前提，相当于马斯洛需要理论当中所讲的生存需要和安全需要。第二个需要是指相互关系的需要，也就是作为社会人，他（她）对于保存人与人之间的相互关系存在着必然的联系，这种需要可以通过工作和生活中与他人交往得到满足，相当于马斯洛所讲的社会的需要。第三个需要是指成长的需要，成长的需要是个体的人对于自我完善和发展的内在需要。这类需要意味着每一个个体都存在着趋高和向上的内在愿望，通过把个人的能力充分地开发出来，使人的成长需要得到满足，这相当于马斯洛理论里所讲的尊重和自我实现的需要。根据生存（Existence）、相互关系（Relatedness）和成长发展（Growth）的需要的英文首字母，这一理论也被称为 ERG 理论。

但目前来看，在经济与社会的发展过程中，生存需要普遍地得到满足，人们在相互关系的需要上，也在一定程度上不断地提升。但是，由于各种原因及个体的内在情况，绝大部分人难以进行实现自我价值的实践，即难以充分地满足成长的需要，所以才会转向相互关系的需要的满足。这种相互关系的需要直接表现为娱乐化。娱乐化在此指的是一定程度的闲暇，并且使得人们在娱乐当中获得脱离工业化下的快节奏生活所产生的轻松和快乐的感受。思考现代生活，通过娱乐化等方式确实使人们享有权利平等达到了一个相对均等化的水平。

3. 权利保护和权利救济平等。权利保护和权利救济平等是指当权利人的客观权利受到侵害的时候，可以由有关机关或者相应的主体在法律允许的框架内采取一定的补救措施，使得相关的权利主张者的合法利益得到保障。从法律的角度看，英美法系和中国大陆法系对于权利保护和权利救济有不同的法律原则，英美法系一般是补救的原则，当损害发生时，只要提出自身受到损害的事实，就可以考虑按照现行标准进行一定程度的救济。而大陆法系是权利保护的原则，相应的权利要有明确的法典和法律来规定，只有被律法确定的权利受到一定的侵害，才有可能成为保护和救济的对象。我国历来尊崇权利保护的主张，必须要以实体权利受到损害为前提，才会发生保护和救济。

中国改革开放这些年在维护权利公平方面取得了丰硕的成果，不管在城市还是农村，对人民在经济、政治和文化等各方面的权利平等的保障取得了较大的进步。人们对于权利的认知和诉求，已经从基本的生存层面上升到了发展层面。对于户籍、城乡人口选举比例、劳动权益等各方面，社会给予了更多的关注。同时由于权利具有无添加原则，不会因为你的出生环境、职业、财富多寡而区别对待，所以在中国社会治理当中，因为权利公平方面取得的丰硕成果，使人们切实感受到了社会治理当中公平的推进。

（二）机会公平

习近平总书记指出："完善包括机会公平在内的社会公平保障体系，包括深化考试招生制度改革，维护和增强全国统一高考在人才选拔培养中的核心地位，清理规范各类特殊招生形式；落实事业单位公开招聘制度和国有企业分级分类公开招聘制度，做到信息公开、过程公开、结果公开，创造平等竞争的就业环境，治理就业的隐形门槛。"① 其中，我们强调机会公平应该成为社会公平保障体系的重要原则，这就揭示了社会治理中应该注重机会公平。

机会公平一般有三个关键要素。一是机会的归属，机会可以平

---

① 中共中央文献研究室编：《习近平关于社会主义社会建设论述摘编》，中央文献出版社 2017 年版，第 43 页。

等给予每一个社会主体，这个社会主体可以是单个的人，也可以是一群人。二是机会指向的目标。机会总是指向一个社会主体所希望获得的目标，比如某个工作岗位、医疗、卫生、教育、住房等不同的目标。三是机会的归属与目标的关系。这两者之间关系比较复杂，既包括确保关系，确保某个社会主体可以达到某个机会的目标，也包括可能性关系，机会归属的某个主体，它存在着达到相应目标的可能性以及介于目标和归属之间的关系。当一个社会主体同时具备三个组成因素时，他才算拥有了一个属于自己的机会。所以机会公平是每一个社会主体能够公平地享有机会，属于一种形式公平。

假如人们参与同样的竞赛，每一个人都可以参赛，这便是归属因素。只要所有参赛的人得到的结果都是一致的，这便是目标因素。参赛之后每个人通往这个结果的路径都是一样的，相当于说赛道都是一样的，这就是机会的归属与目标的关系。

在中国的社会治理当中，机会公平正在不断实现。比如教育扶贫工程使得很多人因此获得了政府资助，完成了学业，改变了命运。但也确实存在着一些相应的问题，比如在教育领域，尽管中国在教育方面的法律确保了每个孩子参加教育的机会公平，所有孩子都能享受九年制的义务教育，但在教育资源上，客观上存在着城市与农村、大小城市、重点与非重点学校等不同层次与领域的差别。所以，尽管从法律意义上给予了孩子受教育的公平机会，但机会公平还是存在着一定的不足。党的十八大之后，国家明确提出通过顶层设计来建立制度，设立一套能够兼顾各方利益的合理制度，既能够让所有的社会主体的积极性提高，又能够让弱势群体更有尊严，获得更体面的生活。

（三）规则公平

规则公平是一个相对宽泛的概念，它既包括了法律、政策，也包括了制度和一般的规定，规则公平本身也是一种形式，公平意味着对应的这些规则面向所有主体所展示的介入和退出，以及在规则当中进行活动的所有结果是一致的。

《美国传统》杂志上发表过一篇文章，讲述了西方规则公平的起源。在古罗马的军队当中，每一个士兵只能定量地得到一块面包作为一天的口粮，最早的分配规则是由长官一个人负责切割面包和分配面包，于是长官往往会切下最大的一块留给自己，然后按照军队中的亲疏关系决定面包的大小。由于这种分配方式不公平，经常引发军队内部矛盾，为了防止这种矛盾的扩大，罗马人找到了一个新的规则。当两个士兵拿到一块面包之后，要求其中一个士兵来分割，而另一个士兵优先选择，在这种规则下，分割面包的士兵出于对个人利益的最大化追求，他会尽可能地追求平均分配。

这篇文章解释了西方对于规则公平的追求，它是从每个个体自私自利的角度来切入的，认为规则不是违逆人性，而是要把人性当中追求个人利益最大化的一面彰显出来，再通过规则加以制约。值得注意的是，这一套规则的实行是靠制度来保障的，前提是各方必须要有对等的实力，也就是发现对方不遵守规则时能够对其进行惩罚，所以这种通过他律来实现自律的办法，中国一般称之为罗马规则或者狐狸规则。

在这一套规则之下形成了今天西方社会财富越来越集中到权力者和资本者手中的结果，也就是贫富分化不断强化的结果。因为这套规则是一种在强者之间执行的规则，而弱者是没有实力加入这种游戏的，所以强者越强，弱者越弱。在规则上不断地将弱者加以排除，分配就越来越导向强者，这也是西方所谓规则公平的虚伪性。

表面上看起来是人人平等，实质上是有钱人的人人平等。

相较而言，中国在社会治理当中，很长一段时间以来主要是依靠伦理道德的约束来实现规则公平的约定。但这种依靠伦理道德约束的方式，其规则公平的稳定性很差。当一个封建新王朝刚开始时，主政者或许还能够按照相当高尚的伦理道德来约束自身，但时间久了之后就很难实行，于是在中国封建社会往往有一套改朝换代的纠正体系。所谓的后来者，往往提倡的是恢复正道，其实就是再次强调伦理道德，以为推翻之前的统治者后使自身获得合法性。在这种情况下，中国社会的各阶层对于“义利之说”更加偏向于“义”。其结果是对于中国走向现代化，特别是市场化产生了极大的约束。客观地说，依靠道德来约束公平，其社会监督成本很低。所以在中国传统的主流社会当中，基于人的这种分配规则认识，使得锄强扶弱、劫富济贫成了中国草根主流意识之一。也正是因为这一套保证公平的体系，使得中国的传统文明持续了千年。

应该说社会治理当中对于规则公平并不存在西方或者中国不同文明之间的根本性的优劣之比，不同的规则公平认知对于发展产生不同的作用。社会主义现代化建设过程中，单纯依靠道德约束来保证规则公平，实则相当于缘木求鱼难以实现，所以在规则公平的追求上，特别是改革开放和现代化建设走到今天，关于社会治理，中国可能更需要在西方式的规则公平和中国式的规则公平中找到一个合理的平衡。

这种合理的平衡，用今天许多企业家的话来说，就是消除特权，打破“玻璃门”，打破潜规则。现在存在的社会矛盾往往与社会上某方面的不公平有直接关系，按照当前一些学者的说法，规则公平的重要性已经远远超过了权利公平和机会公平，因为规则公平是已经制定下来的法律或者规定，当部分人通过特定的权利超越了规则，就会形成潜规则，破坏公平。

总的来说，公平享有是世界性的难题，各国政党都不断地在探索其中的奥秘。尽管中国取得了公平享有的许多成果，但未来发展恐怕依然任重道远。

三、享有改进

当福利经济学家庇古提出实行均等化能增进社会福利的观点之后，对他的批评主要表现为两点。第一种观点认为效用属于主观感受，无法有效横向比较。低收入者可能无法购买自行车，高收入者缺少一定的钱也可能买不起汽车，所以用同样的钱对比低收入者与高收入者的效益，可能难以得出真实的比较结果，因为它反映的这种效用是不同的。第二种观点认为公平和效率不能顾此失彼，如果过分强调公平忽视效率，反而有可能使经济停滞，使得所有的高收入者也变成低收入者，穷得很平均，并不意味着社会福利得到了增进。所以，公平分配并不是搞绝对主义，对享有的改进，中国采取了以下三种方式。

（一）“帕累托改进”

“帕累托改进”是意大利经济学家维尔弗雷多·帕累托（Vilfredo Pareto）提出的一种不同于庇古的福利优化分配方式。帕累托认为福利制度有两种状态，一种是最优状态，一种是次优状态。最优状态是指所有的福利都不可能再得到总量上的增加，因此，使一个人的状况变好，必然要使另外一个人的状况变差。次优状态是指在不改变一个人的福利的情况下，可以使另一个人的福利增加，这就是学界所称的“帕累托改进”。

中国改革开放以来，“帕累托改进”的情形是时常存在的，正如当年实行家庭联产承包责任制后，当农民增加了收入的时候，城市的居民并未因此受到任何福利或者效益上的损失。因为帕累托强调只要这种改进状态进入收入调整范畴，就可以同时兼顾公平和效率。

除此之外，我们还可以看到改革开放40多年来呈现出来的其他方面的“帕累托改进”，其中包括：在经济发展方面，中国并没有直接废除计划经济体制，而是选择将市场经济与计划经济共同发展，转向一种临时性的双轨制经济，这就保证了市场经济对于经济发展的增进，但也不会影响计划经济的改进。在教育方面，1977年恢复高考，通过高考制度的改革，提升了整个社会的文化素质，而没有对原有的人才体系产生冲击。

现阶段，现在的改革特别是社会治理领域的改革，都或多或少会触及一部分人的利益，也就是说原有改革当中增量型的改革已经非常稀缺了，要进行“帕累托改进”也是非常困难的，所以此时进行许多方面的改革，挑战非常大，需要改革者在厘清各自利益关系的同时，要充分考虑各自利益的合理比例。

虽然社会治理领域的改革会触及一部分人的利益，但是对于原有体制当中存在的腐败问题、作风问题和低效率的问题，都必须加以破除。社会治理当中首先要进行的就是对合理利益和非法利益进行明确的界定。对社会治理当中被触动的合理利益部分，应当给以适当的保护和适当的补偿。但是对于社会治理当中部分主体提出的非法利益，就要明确取缔和纠正。

（二）“卡尔多改进”

政府在调整收入分配政策时，往往面临着三次分配中必须要动富人奶酪的情况。因此，“帕累托改进”更多的是一种理想型的状态。而为了实现这种理想的状态，学者们想出了很多方法。其中英国学者约翰·希克斯（John R. Hicks）就曾提出过假想补偿原则，通过政府调节收入，可以抽肥补瘦，但抽肥补瘦的前提是把富人的钱抽取出来交给穷人之后，穷人的收益应该要大于从富人那里抽取的收益，再对富人进行补贴，使得总体社会福利增加。

举一个简单的例子，如果富人用 10 块钱补贴穷人，而使得穷人的收入因此增加了 11 块，这样，总体社会收入较原来相比会增加 1 元。这种方式就是假想型补贴，最终能够实现“帕累托改进”。如果从富人那里抽取 10 块钱补贴给穷人后，只使得穷人的收入增加了 8 块，那么这样补贴就是不合理的。尽管在这种补贴方式中，富人会因此遭受一些损失，但是社会福利总体上是增加的。

如果说一个改革方案难以实现“帕累托改进”，但最少也应该是一个“卡尔多改进”的方案，也就是至少要确保受益者得到的要大于受害者所损失的。中国社会治理现在面临的问题就在于此，如果能够通过抽肥补瘦的办法，使绝大多数人都从社会治理的改革当中受到一定的益处，再进行双方或者多方的合作，这种社会治理的改革就是有益的。此时的社会治理，表现为利益增进和利益调整并存。

采取这样一种改进方式，就要求社会治理的改革者要善于把握各方利益，把握好各种社会主体的利益，始终把绝大多数人民群众的利益放在第一位，把中华民族伟大复兴作为一个总账来算，算大账，算长远账。最终，使得改革的成果真正惠及绝大多数人。中国进行的脱贫攻坚战当中，一个很重要的方式就是采取了“卡尔多改进”。这就意味着在全面建成小康社会中每一个人都不能落下。这就意味着一部分人在分好“蛋糕”过程中，即要求改革者拿出切割“蛋糕”的勇气，也要被调整者拿出为社会做贡献的大气。

（三）“弗里德曼改进”

要实现合理的补贴，需要找到一个合适的补贴方案。美国经济学家米尔顿·弗里德曼（Milton Friedman）运用负所得税的方法提供了一个思路，即给低收入者多少补贴取决于他的个人可支配收入。

一个人通过劳动致富，获得更多的个人可支配收入时，如果按照一定比例要上交相应的所得税，则把这个所得税的税率计算出来，并把它返还给这个劳动者。比如，一个低收入者的实际收入是 800 元，假设所得税的税率是 50%，则其需要上交 400 元的个人所得税，现将这个本应上交的个人所得税转为负向个人所得税，即将此 400 元作为补贴交还给低收入者。这样做的结果是，当低收入者努力地劳动致富，那他所获得的补贴也就越高。

负所得税率还可以采取累进税制，也就是说当一个人的收入水平越是接近中国应当补贴的最低贫困线，其附属的税率越是可以适度累进；越是接近脱贫水平，越是可以使其得到的补贴越多。

负所得税的实行需要政府界定最低收入线，如此才可以采取一定的负所得税的方法，使其收入得以改进，而不是对所有收入者都采取负所得税的补偿办法。

2019 年，全国政协委员、时任北京大学光华管理学院副院长金李在两会的提案中提出，可以在现行的个税和低保制度当中引入负所得税，将其与低保进行有效衔接，利用多个渠道的方式来促进居民消费的增长。金李认为低收入者的边际消费倾向比较高，所以通过引入负所得税，对于整体社会的改进是有好处的。

当然，我们也必须得看到负所得税本身短期内虽然对穷人有利，但是长期来看可能会鼓励“懒汉”，使得整个社会的经济产生抑制作用，造成物价抬升，而不能够在长期的过程中给低收入者带来真正的福利。同时，相对复杂的税制也会增加征税的成本，提高交易费用。

总而言之，社会治理中共享的“帕累托改进”是尝试在总体福利不被强行切割的时候，额外增加的社会福利。实现社会治理的共享是整个社会治理的终极目标，“我们追求的发展是造福人民的发展，我们追求的富裕是全体人民的共同富裕”[1]，改革发展是否成功，最终的判断标准是人民是否共同享受到了改革发展的成果。社会治理最终的结果就是要看是不是全民都能够真正地增进了福祉，让人民真正享受到了发展和治理的成果。

总的来看，从习近平总书记强调的完善共建共享共治的社会治理制度来看，实现各主体积极参与的社会治理当中，按照一定的科学模式进行社会治理，最终实现人人共享的美好愿景，才是一个良好有序的社会治理的共同秩序。习近平总书记指出：“社会治理是一门科学，管得太死，一潭死水不行；管得太松，波涛汹涌也不行。”[2]所以，无论是共建共享还是共治，都要讲究辩证法，处理好各方的关系，完善社会治理制度，确保人民安居乐业、社会安定有序、国家长治久安。

---

① 《习近平新时代中国特色社会主义思想三十讲》，学习出版社 2018 年版，第 90 页。
② 《习近平关于社会主义社会建设论述摘编》，中央文献出版社 2017 年版，第 125 页。

第四章

共同体的拓展：社会治理的创新发展

社会治理的共同体不仅是一个“体内合作”系统，还是一个“体外吸纳”系统，它不只解决共同体内部多主体之间的合作问题，更要解决共同体外部的其他主体如何纳入，最终将共同体高质量地拓展到全社会。社会治理的创新发展在理念、制度和实践方面均形成了创新并且具有持续创新性。围绕共同体的拓展，“人民至上”的社会建设和发展理念正在成为社会治理的共识，“党建+”等各种共同体制度夯实了社会治理的制度基础，层出不穷的共同体创新正在社会治理各领域遍地开花。社会治理的创新发展，正在以共同体拓展的形式发展并趋于成熟。

根据《中共中央关于全面深化改革若干重大问题的决定》，社会治理属于国家治理的下位概念，也就是社会治理现代化属于国家治理现代化的一部分。由此，社会治理不能孤立地看，而是要放到国家治理的大格局当中来看。社会治理的理念制度和实践都必须为国家治理服务，与国家治理一致。党的十八大以来，中国不断坚持和完善中国特色社会主义制度，推进国家治理体系和治理能力现代化，在我国社会治理领域不断地进行理论制度和实践的创新。

党的二十大明确指出，发展壮大群防群治力量，营造见义勇为社会氛围，建设人人有责、人人尽责、人人享有的社会治理共同体。这表明，在治理理念方面，要始终坚持“人民至上”的社会治理理念，把社会治理的核心目标设定为构建和谐社会和打造平安中国，并且建构共建共享共治的社会治理共同体。在制度方面，要以民生保障制度和社会治理制度为主线，不断完善社会治理体系。在实践方面，要不断推进社会治理核心价值的生成，推进市域社会治理现代化，对基层社会治理格局进行优化。

第一节　创新社会治理共同体理念

推进社会治理的理念现代化是因为理念能够决定社会治理的高度，也是判断社会治理先进性的重要标志。创新社会治理理念，终极目标是做好人的工作。现在，所有国家治理工作的开展都必须要以人民为中心为基本治理理念，把人民群众最关心最现实的直接利益问题放到一切治理的落脚点上，最终解决教育、医疗、就业、社会保障等一系列社会问题，并且协调好不同群体的利益关系和化解不同的社会矛盾，最终实现社会公平正义。

一、深化“以人民为中心”的共同体治理理念

党的十八大以来，中国共产党在推进社会建设的进程中依然坚持着21世纪初就提出的“以人为本”理念，坚持一切从人出发，不断做到权为民所用、利为民所谋、情为民所系，把人民的尊严和安全看成社会建设的终极目标。党的十八大以来，我们将“以人为本”的理念提升为“以人民为主体”的理念，特别强调一切为了人民，一切依靠人民。“以人民为中心”的执政理念进一步得到发展和深化，发展为“以人民为中心”的社会治理新理念，这就意味着从“以人为本”“以人民为主体”“人民至上”，都是“以人民为中心”的理念升华。最终强调加强和创新社会治理的一切关键，落实都在人。一切治理活动，都要尊重人民主体地位，尊重人民首创精神，拜人民为师。

（一）人人有责任参与社会治理

未来属于每一个人，每个人都应该参与到社会建设当中去，只有人人都作为历史合力的实践者，才能够使改革开放和社会主义现代化建设不断从胜利走向新的胜利。

在社会治理的共同体中，人人都要确定自身的责任，都应该明确自己的角色定位，以确定自己的责任边界。中国共产党统揽全局，协调各方。政府支持和鼓励其他组织，增强人民群众对社会治理的参与度。其他社会主体也要结合自身的实际情况，积极参与到社会建设当中去，避免做看客，减少对政府的依赖，自觉担当社会责任。

回顾历史，群众参与社会治理早已有之，比如学雷锋活动。在1963年发出“向雷锋同志学习”的号召之后，中国在全国范围掀起了学雷锋的热潮。可以说学雷锋活动是新中国成立初期比较早的志

愿者活动。20 世纪 90 年代之后，我国开始以国际社会通行的公益活动形式进行志愿服务。到 2013 年，中国修订了《中国注册志愿者管理办法》，明确指明志愿者是不以物质报酬为目的，利用自己的时间技能等资源为国家社会和其他人服务的人。正是中国志愿服务活动的不断发展，为今天中国的社会治理提供了许多有益的帮助。

最近几年，随着社会治理的现代化进程加快，中国还出现了新的社会志愿服务活动。比如，“义警”就是一个最新的方式。在中国社会建设当中，社会治理资源投入相对不足。公共安全当中的警力往往是有限的，按照世界标准，最低每 1000 人配备一个警力，这一点目前往往难以实现。所以有的地方采取了警力和民力相结合的方式，吸引一部分志愿者参与警务活动，并通过注册登记考核等方式将其招纳入平安建设当中去。

通过这种方式也许使很多人明确了自身的定位，社会治理并不仅仅是党和政府的事情，而是全体社会成员共同的责任。客观地说，“义警”并非绝对的中国原创，在美国等其他国家也存在着这样的志愿服务，他们面临着与正式警察同样的工作风险，一年象征性地只领一美元，各种装备和制服都依靠志愿者标准来购买。正是因为这些热爱志愿活动的人参与到社会治理活动当中，才补充了社会治理的力量。

（二）人人尽责

大厦之成，非一木之材也；大海之阔，非一流之归也。建设社会治理共同体，我们不能坐享其成地凭空等待，全国人民都振奋精神，团结进取，同心同德，才可能使得社会治理取得更好的效果，每个人都努力尽责。

1. 发挥党建的引领作用。只有党把自身的责任全部落实到位，以中国共产党作为领导核心的社会治理才会全面展开，每一个社会主体才会最大程度地发挥自身的作用。因为在党的领导下，可以充分地发挥人们的主体性和民主自治作用，让人民群众以更多样的形式积极实现社会治理的价值，充分体现人民民主的优势和长处。通过彰显每个人积极参与的价值，能够不断地激发社会治理特别是基层治理当中的内在动力，真正把人民群众培养成为基层社会治理的主体力量。

2. 充分发展群众教育、群众管理和群众自治工作，想尽一切办法开展协商共治。通过各种平台、各种途径最大程度解决与人民群众切身利益相关的问题，既尊重大多数人的意见，又照顾少数人的合理要求。广集民意，广集民智，增强合力，把各个主体形成真正的合力，建设一个利益价值均衡交织的社会治理共同体网络。

社会治理共同体只有以群众自治这种方式，才能真正将与老百姓生活息息相关的事情联系起来，拉近群众与美好生活之间的距离，让人民群众成为规则的制定者、参与者、受益者以及监督者。这样的基层社会治理使每一个人都主动尽责参与，能使邻里关系更加和谐。处理柴米油盐、家长里短的矛盾等各项事务，不可能靠少数社区干部，只有充分地吸收居民意见，想尽一切办法搭建居民融入平台，最大程度地调集人民参与社会治理的积极性、主动性和创造性，让每个居民都能真正活跃起来，尽可能地发挥其参与社会治理的责任，才有可能将社会矛盾消解，实现社会和谐。

（三）人人享有

新时代，习近平总书记指出："人民对美好生活的向往，就是我们的奋斗目标。"[①] 在整个新时代的进程当中，每个人最深刻的感受就是生活在伟大的祖国和伟大的时代，人们越发地共同享有实现中

① 《习近平关于社会主义社会建设论述摘编》，中央文献出版社 2017 年版，第 4 页。

国梦的机会，共同享受与祖国和时代共同幸福的机会，这就反映了一切的国家之力都是把人民的最终获得感看成基本的出发点。

人人享有包括两个方面，首先是社会治理的成果应该具有全民性。习近平总书记指出："共享发展是人人享有、各得其所，不是少数人共享、一部分人共享。"① 社会治理共同体一个最大的原则就是成果必须要由人民共享。只有切实考虑绝大多数人民群众的需求，尽力让每一个群众都享有社会发展成果，才能够让人们感受到自身的合法权利权益能得到保护。这也就要求党和政府所制定的政策和采取的措施要考虑公平与正义的原则，确保每个人都能公平地享有发展红利。

在全面建成小康社会的过程当中，人人享有往往表现为在社会建设当中，中国不断地深化医疗卫生体制改革，实现了大病统筹全覆盖。在教育方面，中国也为家庭贫困的学子提供了更多的读书机会，确保儿童不会因为家庭贫困而失学。同时，中国打赢了脱贫攻坚战，让每一个人在全面建成小康社会的道路上不掉队。中国还打造"中国双创"——创新创业公共服务平台，让每个创业者都有实现自己梦想的机会。最终，要让全体中国人都能享有社会治理发展的福利，确确实实让人民群众感受到社会治理所创造的共同价值。

二、深化和谐社会的理念

和谐社会是人类几千年来追求的一种理想社会状态。虽然社会不断地变迁和发展，但是以和谐为特征的文化精神，依然激励着人们为实现和谐的理想而奋斗，无论是中国还是西方国家，都有关于和谐社会的构想。中国最早的和谐社会构想是大同社会，最早出现在《国语》，后来，诸子百家及发展后的学说均有体现和谐思想。比

① 《习近平关于社会主义社会建设论述摘编》，中央文献出版社 2017 年版，第 38 页。

如，儒家所说的“致中和”，道家所讲的“合异以为同”，张载所讲的“天人合一”，都属于和谐思想的发展。西方哲学家对和谐社会的构想则是“理想国”。在古希腊，人们就把和谐作为美的重要特征，从毕达哥拉斯学派在数学当中提出“美是和谐的比例”开始，西方把和谐看成构成美的一个重要比例关系。

在中国建设社会主义现代化的过程当中，社会发展不断要求执政者从传统优秀文化当中汲取精华，建设一个具有中国特色的社会主义和谐社会。和谐社会的理论基于马克思主义中国化和时代化的要求，根据新时期中国经济社会发展的新要求和新特点，建设一个民主法治、公平正义、诚信友爱、充满活力、安定有序、人与自然和谐相处的社会。和谐社会的本质是要妥善处理好人与人之间的关系。

（一）社会和谐是中国特色社会主义的本质属性

“社会和谐是中国特色社会主义的本质属性，所以必须团结一切可以团结的力量，最大限度增加和谐因素，增强社会创造活力，确保人民安居乐业、社会安定有序、国家长治久安。”① 党的十八大以来，中国共产党明确提出要为建设富强民主文明和谐美丽的社会主义现代化强国而奋斗，和谐就是社会主义现代化强国的五大定语之一。

当前我国正处在社会风险和社会矛盾不断凸显的时期。社会矛盾错综复杂，利益交错，要确保社会主义现代化建设能够取得更多成就，在社会领域就要维护好社会和谐稳定，妥善处理社会矛盾。在关系复杂和涉及面广的经济社会改革当中，群众中形成了不同类型的诉求。因此，改革开放能给哪一类群众带来多少利益，应该如

---

① 《习近平关于社会主义社会建设论述摘编》，中央文献出版社 2017 年版，第 141 页。

何谋划、推进落实，都存在许多不确定性，只有不断地增强社会发展的全面性和协调性，积极解决人民群众的基本民生问题，才能确保社会和谐的物质基础得以夯实，从源头上预防和减少社会矛盾的发生。

（二）社会和谐继续促进社会公平正义

继续促进社会公平正义是社会主义现代化建设的奋斗目标之一。在马克思主义理论当中，追求公平正义是社会主义者实现和谐的主要力量，在追求社会公平正义的过程中，人们不断地得到解放。

在传统理论当中，人们往往根据“分粥规则”去追求公平正义。这是美国政治哲学家约翰·罗尔斯（John Bordley Rawls）提出来的规则。罗尔斯把社会财富比作一锅粥，这锅粥要分给普罗大众，但人们的“分粥”方法代表着不同的政治经济社会体制。在多次博弈之后，人们最后寻找到了“先分者后得”的分配方式。分粥者只有尽量分得均匀，否则剩下最少的那碗就一定是自己的。按照罗尔斯提出来的这种方法，在人人利己的情况下，也可以建立一套公平正义的体制。

如果进一步推导，“分粥规则”的背后其实是权力的制约。社会学家孟德斯鸠认为：没有制约的权力必然会走向腐败。在社会主义现代化建设过程当中，如果权力的所有者不能够适当地自我约束，也没有寻找到合理的外在制度约束，那么他们就容易形成权力寻租，从而无法保证社会治理当中社会公平正义的实现。

党的十八大以来，中国更加明确地强调继续追求公平正义在社会建设当中的重要性。不断建设好执政党“不忘初心、牢记使命”制度，统筹推进五位一体总体布局和协调推进四个全面战略布局，始终强调以公平正义作为根本出发点和落脚点。在应对各种社会风险和困难当中，继续以公平正义作为衡量的尺度，并且把构建人类命运共同体当中的公平正义价值作为关键准则，实现人民群众对于社会和谐的美好期盼。

（三）社会和谐要坚持活力与秩序的统一

社会和谐并不代表死气沉沉，并不代表相互不争利益，完全做到“利他”，而是要在社会主义现代化的总体格局下，不断实现经济物质文化的快速增长，同时确保社会主体获得一定的利益并且形成追求自身利益最大化的积极性。

1. 要通过有序的秩序确保人民群众社会活力的实现。真正统筹好、解决好群众合理合法的利益，把群众真正关心的利益放在心上，形成一系列维护群众切身利益的机制，并且在特定环节形成可持续运行的制度。同时，以法律的方式化解社会矛盾，人民群众不用经过所谓的“关系”，就能得到真正公平的对待，在法律和社会制度等一系列基本秩序面前，利益真正得到有效维护。

2. 要通过激发人民群众的活力，建构社会秩序。人民群众的主动性可能会在特定情况下与社会总体利益不完全一致。所以既不能把人民群众管得太死，这样就使人丧失灵活性和积极性；但也不可能放得太开，否则难以维持社会稳定。对于个人利益，极度提倡个人反而可能会导致人们对于自我利益的极度追求，导致社会稳定工作难以为继。只有把个人的活力放到一定的社会秩序条件下，发动人民群众充分协商与公开讨论，建构和维持社会的有序秩序，才能够使人们感觉到自身的权利得到尊重，并且主动自觉地接受一套由人民群众参与制定的社会新秩序。

3. 要建构一套活力与秩序相统一的支撑系统。社会支撑系统是活力与秩序相统一的关键机制，韦伯将其称为“Supporting Systems”，中国学界则将其称为“国家治理体系”。如果支撑系统没有被建立起来或者没有建立好，就会出现有的人踩红线、踩高压线的情况，会对一个社会有序的体制产生冲击，形成体制耗费。一个典型的例子，卖菜人员如果以“骗称”作为基本的职业伦理，认为不骗才是不正常的行为，这就是社会支撑系统的不完善。只有当一套支撑系统成为全体社会共识，并且采取一种大家共同认知的公平正义的方式去实行社会交易，才能够最大程度地降低社会成本，减少人们之间的相互猜忌。

在社会治理当中，社会和谐是一个社会建设的关键价值目标，中国把社会和谐看成中国特色社会主义的本质属性之一。那也就意味着在社会建设当中，人人要为社会和谐作出贡献，人人有责，人人尽责，人人共享。可见，党和政府只有切实积极地回应群众的关切，合理调节人们的利益，积极有效地化解社会矛盾，才能够不断提高人民群众的积极性，促进社会公平正义的充分实现。

下面我们从一个具体的案例可以看到新时代推进社会治理、促进社会公平正义已经实现了相应的制度化和理性化。2020 年 6 月 13 日下午，一位老人谷某某在超市购买鸡蛋时藏匿了两个鸡蛋未结账，被超市工作人员拦住后返回超市，他否认藏匿鸡蛋的事实，并且将鸡蛋悄悄放在超市的购物柜当中。超市工作人员在随同老人行走的过程中，谷某某突然倒地，后经超市工作人员报警，加上群众对老人进行心肺复苏抢救之后将其送往医院。但抢救无效，老人当天死亡，老人谷某某之子随后对超市提起诉讼，要求超市承担 50% 的人身损害赔偿责任。此案经人民法院审理过后，驳回了原告的诉讼请求。谷某某之子再次提起诉讼之后，二审法院认为，超市的员工劝阻方式和内容在合理限度之内，不具有违法性。而且谷某某倒地具有突发性，超市工作人员难以对其身体进行判断，采取了及时拨打 110、120 等合理的施救方式，符合社会公众一般认知，超市尽到了安全保障义务。所以二审中院形成了驳回上诉、维持原判的意见。

该案件并未重复过去出现过的“谁死伤、谁有理”的审判结果。司法实践不再受到“人死为大”的观念影响，向社会传递出合理维权的理念，最终有利于引导公众合法地维护自身权益，引领诚信文明的社会新风尚。

三、打造社会治理共同体

共同体的理念较早见于西方社会学家的论述中。在马克思关于社会建设的经典论述当中，常常可以见到共同体的理念，有时马克思以联合的方式来描述共同体——在同一种利益架构下的阶级层级可以建设不存在剥削、不存在两极分化的内部和谐共存模式。在发展社会学中，法国社会学家埃米尔·涂尔干（Emile Durkheim）也曾对共同体的理论进行过相应论述，比如，他曾论证在社会中存在“机械团结”和“有机团结”两种团结方式，“有机团结”的论证更类似于“共同体”的理念。

社会治理共同体，是把共同体理念放到社会治理理念当中。党的十九届四中全会明确提出了“社会治理共同体”的概念，这是基于对经典马克思主义共同体思想的传承以及结合新时代中国实践的创新。新概念的提出代表着党的十八大以来中国共产党人对社会治理的新探索，而且具有明显的中国特色。

社会治理共同体是将以人民为中心的治理理念与和谐社会的理念相结合的逻辑创新。《中共中央关于坚持和完善中国特色社会主义制度　推进国家治理体系和治理能力现代化若干重大问题的决定》中，指出社会治理共同体的三大原则是“人人有责、人人尽责、人人享有”①。党的二十大延续了这一提法。而社会治理当中提出的共

---

① 《中国共产党第十九届中央委员会第四次会议文件汇编》，人民出版社 2019 年版，第 49 页。

建共治共享，本身就意味着社会要形成一套大家协同的和谐机理，而非形成一种斗争式的利益争斗，把人民至上的理念和和谐社会的理念相结合，才能够真正使社会绝大多数人凝聚和团结在一定的模式下实现利益和行为的规制。

（一）社会治理共同体的灵魂是党领导下团结的实现

中国共产党向来注重团结，认为最重要的就是人的团结，要团结就要有共同的理想和坚定的信念。中国过去几十年艰苦奋斗，就是靠坚定的信念把人民团结起来，使人民为自己的利益而奋斗。没有这样的信念，就没有凝聚力。没有这样的信念，就没有一切。回顾中国共产党百年来领导中国人民践行社会治理的伟大历程，可以发现许多成就都是基于把广大人民群众团结起来才能取得的，只有实现最广大人民群众的团结和动员，才能万众一心，克服任何困难和挫折。

2012 年以前，社会治理当中存在的许多矛盾往往是在市场经济催化下，因不同利益矛盾和冲突而导致的主体分离形成的。以 2011 年重庆万盛区和綦江县合并为綦江区的事件为例，一部分群众担心区县合并之后，会导致以第三产业下滑为标志的经济萧条。另一部分群众认为原来区级执行的医保标准较高，按照统一要求纳入市统筹后，会使自己的医保费用减少。还有一部分群众认为区县合并会产生身份降低的失落感。群众的利益形成不同程度的分化。由此，群众向政府提出诉求，在政府未能有效满足群众诉求的情况下，部分人员于是出现了聚集，并且出现了打砸警车、破坏交通等情形。

党的十九届六中全会第二次全体会议明确指出，治理好中国这个世界上最大的政党和人口最多的国家，必须坚持党的集中统一领导，维护党中央权威，确保党始终总揽全局、协调各方。之后，中国共产党针对党的领导弱化、虚化、淡化、边缘化问题，把加强党的集中统一领导作为全党共同的政治责任，不断完善党的领导制度体系，使全党思想上更加统一、政治上更加团结、行动上更加一致。这就意味着党的集中统一领导，对于把最广大人民群众团结起来说，是至关重要的。党的十八大以来，党的领导团结作用更加明显，表现为社会治理成效越加明显。不同的社会主体已经逐步加入社会治理的问题协商当中，党和政府以不同形态的协商充分考虑了群众的各方面利益，实现了很大程度上的社会共识和社会动员，创造性解决了许多社会矛盾。

（二）社会治理共同体的基本机理是公平的建构

要实现社会团结，优化社会治理，最终都必须依靠公平的建构。只有不断地促进社会公平正义的实现，使人们感受到社会治理当中始终以公平为前提，才能将人们最大程度团结起来。社会主义的社会治理不应该存在任何人利益的增加建立在牺牲另一个人利益的情形。在通往人生幸福的赛道上，不应该有任何一个人或者一个群体永远优先比别人获得抢跑的机会。只有使每个人在相互比较中，既能获得程序上也能获得实质上的公平，人们才会觉得这样的社会治理有更大的盼头。

社会主义的社会治理与公平的改革密切相关。在过去很长一段时间内，许多人在改革开放和社会主义现代化建设过程中，因为公平的改革获得了改变命运的机会，包括最早的高考制度改革，领导干部选拔机制，打破企业的“玻璃门”“弹簧门”和“旋转门”等一系列情况。这些给社会每一个主体创造公平机会的改革，确实优化了社会治理。

随着改革开放和社会主义现代化不断推进，一系列引发社会舆论关注的热点问题，往往都围绕社会公平的问题。在滔滔民意背后，往往能看到公众对于社会公平的翘首以盼。一些“萝卜招聘”，一些“暗箱操作”等不公平的现象引发了公众的呼吁，希望在党的领导下实现社会治理最大程度的公平。

“理国要道，在于公平正直。”党的十八大确定了权利公平、规则公平、机会公平为导向，加强社会公平基础性制度建设的要求。正是这些要求使每个中国人感到在生活当中有盼头，能够确保自己在工作中经过努力，就可以获得心中预期的结果。的确，在法律面前，任何社会主体都应该平等，无论他是拥有公权力的政府工作人员，还是一般的普通大众，都不能有超越和凌驾于法律之上的特权。法律最终是为了彰显社会的公理与正义，因此法律必须要与道德相契合，体现公认的良知和道德规范。近些年来，社会治理当中强调法治和德治相结合，避免了过去借由“死者为大，弱者为大”的不合理索求行为。

社会公平的旗帜高高举起，人们愿意团结到一个社会治理共同体当中，尽可能履行自身的责任，形成更好的社会善治氛围。

（三）关键实现路径是党委领导、政府负责、社会协同、公众参与

社会治理共同体的实现是一个有机整合的过程。在整合过程中，按照党的十九届四中全会《中共中央关于坚持和完善中国特色社会主义制度　推进国家治理体系和治理能力现代化若干重大问题的决定》提出的“完善党委领导、政府负责、民主协商、社会协同、公众参与、法治保障、科技支撑的社会治理体系”的要求。这要求体现了党领导下各方参与共同治理的科学理念。

1. 社会治理共同体的内在核心是党委领导。中国共产党的领导是中国特色社会主义制度的最大优势，社会治理属于中国特色社会主义现代化建设当中的关键一环，必须坚持党的领导。党代表的正

是最广大人民群众的利益，社会治理当中坚持党委领导，实际上是以党的民主集中的方式，最大程度体现人民的利益。社会治理能否形成共同体，关键在于能否找到一个真正体现诸多社会主体共同利益的领导者。

2. 政府负责是中国特色社会治理的主导环节。过去一段时间内，大市场、小政府的观点引发了人们对于政府公权力的限度的思考。政府究竟应该在社会治理当中发挥何种作用？是按西方的模式“有条件地”隐居幕后，还是积极主动地发挥政府的有效调节作用？从党的十八届三中全会提出更好发挥政府作用来看，中国共产党明确提出要更好地发挥政府的作用，表明处理政府与市场的关系并非只有按照西方模式一条路可走。作为一个真正为民办事、毫无自身私利的政府，能够真正实现有效的社会治理。所以各地都在以不同方式推进服务型政府建设，这就是中国共产党领导下政府推进社会治理的新回答。

3. 社会协同是确保社会治理形成共同体的团结方式。人民群众能否团结，前提条件就是人们是否愿意参与社会协同。在党和政府的组织下，人们以不同的形式参与到社会协同当中，以不同主体的利益妥协为条件，真正开诚布公地商量、合理调节不同利益的分配比例，人民群众才愿意参与到社会治理共同体当中。

4. 公众参与是社会治理共同体广泛性的体现。随着改革开放和人们对于自身利益关注程度不断提高，人们对于实现社会有序和稳定运行的理性程度提高，人们在不断寻找合法合理的权益和利益诉求表达机制，甚至对于传递自身价值理念都具有一定的要求。如果一个社会当中，只有自上而下或者少数人的协同，那么这样的社会治理共同体就是狭隘的社会治理共同体，无法真正体现更多人的利益，其最终的代表性也必然存在质疑。

总的来看，社会治理共同体体现在宏观、中观和微观相契合的不同单元。每一个单元当中都表现为不同层级的社会治理共同体的细胞结构，把每一个社会主体以不同形式组合到不同的组织当中，形成相互的利益联结。社会治理共同体的前提是各种社会主体以共同的利益实现联结，从而实现整个社会的和谐运行。也正因为如此，社会治理共同体的理念提出来之后，得到了广大人民群众的认同和响应，也将为社会治理不断推进提供更多、更强大的力量支持。

（四）坚持“四个维度的治理”

党的十八大以来，中国共产党科学地总结了新中国成立后社会治理的经验教训，提出了“系统治理、依法治理、综合治理、源头治理”的社会治理模式，并在社会治理中反复强调了这种治理模式的科学性。

系统思维是指在社会治理领域当中要强调整体性和体系性，特别强调党、政府和人民群众三者的共同协调，确保在社会治理体系当中各种结构逻辑井然，各种主体各司其职，各种机制安定有序，使得整个社会治理体系形成一个社会资源被正确有序安排的社会系统。此外，还要强调把社会系统看成经济、政治和生态等各种系统当中的一部分，把社会治理系统纳入整体大局当中加以统筹考虑。

依法治理强调法治在社会治理当中的基础性作用，使得法治思维和法治方式深入人心，真正凝聚社会治理共识，化解社会矛盾，推动社会治理进一步在法治轨道上有序运行。依法治理特别强调法律面前人人平等。党和国家的干部要防止陷入官僚主义，积极依法办事、依法行事，确保社会治理当中人人遵法守法。

综合治理则强调把依法治国与以德治国相结合，在社会领域把法治和德治综合运用起来。特别是强调将党内法律法规和社会法律法规相融合，推动公共道德和国家制度安排相协同，合理规范各种社会行为，调节利益关系。中国特色社会主义制度下的综合治理，强调政治、经济、行政、教育、文化和生态等多部门的联合行动，实行多种综合手段的运用，推动全面高效有序的社会治理。

源头治理强调在社会治理当中，针对社会矛盾和社会风险的源头和根本，将社会矛盾和社会风险预防和化解在萌芽之中，避免社会矛盾转向对抗性发展。要抓早抓小，防微杜渐，同时也防止社会矛盾和社会风险叠加和蔓延。从当前来看，从源头上预防和化解社会矛盾和社会风险是一种成本较小、效益较大的社会治理方式。

总的来看，“系统治理、依法治理、综合治理、源头治理”是我国社会治理的科学总结，也是社会治理的新理念新方式，我们党将这种思维方式纳入社会治理的新高度。

第二节　创新社会治理共同体制度

党的十九届四中全会明确提出要坚持和完善共建共治共享的社会治理制度，保持社会稳定、维护国家安全。经过数年的努力，社会治理共同体视角下的制度建设已经取得了一定的成效。正如党的二十大报告指出的，共建共治共享的社会治理制度进一步健全。社会治理方面的制度创新是国家治理方面的制度创新的重要组成部分。通过社会治理创新方面的制度建设，能够使社会治理适应新的社会主要矛盾变化，满足人民在社会治理方面日益增长的需求，提升人民群众的获得感、幸福感和安全感。

一、党对社会治理的全面领导制度建设

党的十九大报告明确提出要健全总揽全局、协调各方的党的领导制度体系，把党的领导落实到国家治理各领域各方面各环节。中国共产党对社会治理的集中统一领导，是决定社会治理从哪里出发、到哪里落脚的关键因素，是贯穿社会治理的全过程，全方位确保社会治理能够取得成功的重要环节。可见，各级党委在社会治理共同体中应该处于引领地位，主动发挥领导作用。

（一）在寻找最大公约数上实现政治引领，创新党建引领制度

在社会治理当中党建引领有时会表示为“党建+”，其关键内涵是确立一种核心工作方法，以政党的相关职能属性推动社会治理。

1. 寻找制度中信仰上的最大公约数，以便实现对全社会的政治引领。中国共产党是马克思主义政党，马克思主义是中国共产党的最高信仰，无论在革命战争年代，还是在改革开放和社会主义现代化建设新时期，中国都始终坚持将实现共产主义作为党的最高理想和最终奋斗目标，这个信仰的终极目标是实现人们的真正解放。

对于社会而言，人之所以愿意作为社会的一份子出现，其最终是为了实现成本最低而收益最高的自身解放。每一个社会成员虽然都有各自不同的信仰，但只要寻找到一种可以为绝大多数人作为共识的，也就是作为最大公约数的信仰，那么就可以为绝大多数人所信奉。

在社会主义中国，尽管不是每一个人都信仰马克思主义，但是只要马克思主义可以实现每一个人的中国梦，那么马克思主义就可以成为全社会的信仰上的最大公约数，而马克思主义信仰不应该被狭义化，不应该仅仅被视为特定阶级的独有信仰，而应该被视为可

以成为全社会共同的信仰公约数。

“生命权是最重要的人权”，是马克思主义信仰当中的基本内涵。把这个内涵向上提升，是要在人们生存的条件上实现更大的发展，这就是人的需要的三个方面——人具有生存、享受和发展的三重需要。人在这三个方面的需要正好体现了马克思主义信仰当中所说的使每一个人实现全面而自由的解放，所以这三重需要正好对应着马克思主义信仰。

尽管人们不会经常把信仰挂在口头上，但无论是从马斯洛需求层次论来看，还是从恩格斯所讲的人的三重需要逻辑来看，人们对于生存发展和享受的基本要求总是基本不变的。马克思主义信仰切切实实体现在人们的生活当中，人们感受到这种信仰是对于自身利益的最大维护和最大发展，所以在抗击新冠疫情当中，人们普遍能感受到“党建+”的方式对于抗击新冠疫情的积极作用，这正是党引领社会治理作用的最大体现。

具体而言，每一个参与抗击新冠疫情的党员干部，由于发挥了自身的党员先锋模范作用，其自身的行为彰显出来的信仰价值传递给许多社会成员，并且使这些社会成员感受到了马克思主义信仰，在中国共产党的领导下，真正践行了党领导的社会治理。因此，通过寻找信仰上的最大公约数，可以为党引领社会治理提供条件。

2. 寻找意识形态上的最大公约数，完善思想引导制度。意识形态是实现政治引领的关键基础。中国共产党秉持全心全意为人民服务的根本宗旨，这种意识形态的资源能够使得不同的社会治理主体超越技术主义的工具思维，更容易在政治认识层面达成行动共识。

由于体制内的不同部门存在差异，部门之间的协作也存在着分歧。尽管我国政府分工体系不断改革和发展，已经在一定程度上提高了组织和协调效率，但是各部门和各种社会主体在技术理性的引导下，仍然追寻本部门的价值和技术结构，也就是针对各自的行政规划或制度赋予的权力资源进行适当的分配，而很难进行整体性的协同。

这种结果也是意识形态多样性的一个表现。体制内的党建引领工作更加注重对于传统意识形态资源的开发，并且进行相对严格的政治教育活动，但是对于体制之外的各种社会主体或者部门而言，党建引领在意识形态方面，经常会进行话语转换，特别是会考虑吸收现代社会当中传播较为广泛的一些普遍价值理念来进行意识形态推广。一个典型的做法是，意识形态如果要与非公企业的党组织进行结合，并且要求推广党的意识形态时，这就要求这种意识形态的推广与现代企业的社会责任、公益价值观等融合在一起，以便寻求体制外单位的认同和支持。

在过去相当长的时间内，正是由于借助了灵活的话语转换，党建融入非公企业党组织当中获得了更多企业的支持，使得越来越多的企业家认可社会主义意识形态，并且主动把这些意识形态融入企业文化建设当中，使得这些意识形态产生了最大程度的公约数作用，把社会上纷繁复杂的思想进行了有效的协同，推动了社会治理的有效创新。

3. 寻找协同机制上的最大公约数，发展社会组织制度联合。除去信仰和意识形态之外，不同的社会主体或者社会组织要结合起来，仍然需要寻找一种协同制度。一种简单的分析是，体制内和体制外的不同协同机制决定了社会组织并不会天然地联合。在党的领导下，通过信仰和意识形态的整合，已经使一部分人在思想层面实现了政治引领，但是要使这种政治引领进一步具象化，就需要人们在具体的协同中，从制度上寻找到最大公约数。

这种公约数往往体现在不同的社会主体处理共同社会事务协同制度上。当前，许多体制内和体制外的单位发展出了各种政治和民间协商的合作机制。社会治理并不单纯地由上而下来推动，而是要实现自上而下和自下而上相互协商，相互妥协，达成协同机制，使得每一种社会主体或者社会组织的利益都能够被认真地考虑，最终可以使得社会在组织上实现有序联合。

（二）通过党建激励机制，激发共同参与动力

党的社会治理引领制度存在着不同的发展阶段，不同的发展阶段的相同之处在于形成特定的激励驱动机制。这是党建推动多方主体共同协同，并且促进社会治理有序推进的重要方式。

激励驱动机制常见的方式是各级党组织评选优秀或者颁布优秀荣誉称号等，形成精神性鼓励，以生成各种单位、各种组织和个人积极参与到社会治理当中的精神动力。激励驱动机制有时也会表现为党组织要求各级党员干部到属地进行报道，进行相应的活动，否则采取批评或者通报等方式进行的负激励，从而确保社会治理当中有党员干部的积极参与。

这些激励机制的作用，最终都是落脚于实现多方合作。通过调整激励机制，最终目的是使不同的社会治理参与者都能得到正向的激励，避免变成零和博弈。当前激励驱动采取的是平行多维的激励轨道，其中包括允许不同部门对同一个社会治理项目在各自的轨道上申请相应的社会治理奖项。比如，城市基建部门可以与具体的属地单位共同申请相应的党内表彰，也可以由具体的施工单位向上级行业党组织申请荣誉。对同一种社会治理项目而言，可以得到多种层次的激励，这就减少了不同部门之间的相互冲突。

从现实情况来看，近几年社会治理领域当中存在的党建激励，对政府部门的吸引力不断增加，同时各种社会主体对于党建层

面的表彰也呈现出了更多的积极性。由于党建引领的制度发展，现在的“党建+社会治理”还呈现出利益嵌套机制。这些利益虽然不一定是真金白银，但可以是名誉价值等各种形式的激励。比如，部分民政部门会对社会组织进行评级，这个评级会重点考察社会组织参与党建活动的情况，并且将这些情况作为重点评估的因素，使得更多的社会组织愿意参与党建活动，更好地形成社会治理合力。

创新党建整合制度以形成社会治理新路径。党建引领多元社会共治主要表现为“党建+网格”等方式，形成跨组织协同的扁平化组织。一种典型方式是网格化治理，它把社会治理空间以网格的方式进行划分，不同的网格最终以系统的方式形成网络整合，而不同的网格又以不同的功能进行合作，形成网络整体，其结果是塑造不同网格之间的相互依赖性，确保社会治理在网络空间中有序推进。

近几年，在党建引领制度的精细化发展下，功能相近的组织逐渐被编入特定治理目标的网络中。典型的做法是，市场监督、税务等单位将不同单位的负责人编入特定的网格当中。由于特定网格当中具有类似目标的单位得到了网络间的整合，这些成员更容易找到共同语言和利益，从而提高了协同控制的效率。

综合来看，党建引领的社会治理，构建网络整合方式具有更大的优势。其中，党组织构建起来的网络覆盖面更为广大，社区或者各种组织把党员干部和群众纳入治理平台，把不同类型的政治身份成员纳入同一网格。同时，依靠党组织来建构网络的组织成本更低，它能够较好地解决体制内外、单位内部科层制的协调问题，通过党的引领可以以快速扁平化的方式解决协同机制。

总的来看，党建引领的制度创新能够在新的条件下提升组织力，推动社会多元共治的有效实现。党建引领运用的各种方法最终都是要实现在社会治理领域全面和集中协调领导，其核心就是要确立在社会各种主体的认同基础之上，实现党的意志的全面贯彻。在开放多元和流动社会的条件下，正是因为通过中国共产党的领导，在依靠多方自主和积极参与的情形下，通过民主集中和民主协商制度等方式形成共识，推动“有事好商量”式的协商，使得各种社会主体之间实现活力与有序的治理。

二、基层社会治理创新的共同体制度建设

推进基层治理体系和治理能力现代化，需要进行基层社会的制度建设。其中最为重要的是共同体的制度建设，以便将基层的各种主体以特定的方式组合起来，形成一个能够推动基层社会治理实现良性循环的共同体。基层社会治理共同体制度既需要考虑不同的社会主体，还要考虑将不同社会主体连接起来的互动机制，更要考虑提高互动机制的质量。最终使得基层社会治理成为体现人民幸福、满足人民日益增长美好生活需要的重要途径，为实现共同富裕、建设共享型社会提供重要的社会运行条件。

（一）构建适应新型流动性的基层社会治理制度

改革开放40多年来，社会治理呈现出了由“单一主体”向“多元主体”的演化。在单位制被打破之后，各种社会主体充分涌动，在社会上形成了广泛的流动性，构成了一个纷繁多彩的基层社会新格局。因此，要把基层社会建构为一个新型的共同体，就需要构建新型流动的基层社会治理制度，把各种社会主体以特定有序的方式连接起来，畅通和规范群众诉求表达、利益协调、权益保障通道。

1. 形成利益诉求“一网收集”和统筹解决的制度。对于基层社会治理而言，一个普遍性的问题是基层群众的合理诉求没有得到及时和有效的反应，也难以得到及时有效的解决，最终往往会演变为

基层社会矛盾。而要解决这一矛盾，要从社会治理主体的利益诉求收集开始。党的十八大以后，以网格化为基础，以信息化为支撑，各地分别打造了“一网归集”“一网分流”“一网协办”“一网联通”制度。这些制度是一种典型的“一网收集”和统筹解决的制度，它们把原有的社会主体以特定的网格形式划分，并且通过信息技术顺利归集了各种群体的利益诉求，采取派单等方式建构起了群众利益诉求的解决机制。当前各地比较典型的“12345 政务服务便民热线”就是基于这一制度的产物。在农村，也实行了各种干部“驻村联社”和“逢五进格”等各种制度，能够把流动的社会主体整合到一个系统性的治理机制中。

2. 形成多地协同的利益诉求联通机制。“一网收集”和统筹解决的制度，最大的优势是在一定的区域内解决了流入新的社会群体之后产生的社会矛盾。但是“一网收集”和统筹制度，往往受限于特定的城市或农村，并且受到当地财政等各种具体因素的影响，导致这种制度无法形成全国性的联通。各种利益诉求并不是单纯地处在社会主体集中地，而是呈现出一种发散的趋势。当社会主体流向自己的家乡，之前工作地方的“一网收集”和统筹解决制度就难以覆盖。因此“一网通办”需要把各种利益诉求实现跨地连接，这种新型的制度首先要求的就是多地利益诉求联通。

3. 形成差异化的利益诉求解决制度。由于当前我国的社会主要矛盾已经转化为人民日益增长的美好生活需要和不平衡不充分的发展之间的矛盾，要解决不同社会主体的利益诉求，不能单纯地呈现出广撒网式的利益诉求，解决基础的公共服务和公共利益。各种社会主体特别是具体的社会主体，会因为不同的生存环境和发展环境，提出更为精准的个体利益诉求。这就要求制度要为更小众的群体而设立。这里并不是指把每一个个体单独的利益加以制度化，而是把相对小众的群体的利益加以考虑，比如，对群众最为关注的“厕所革命”“托幼服务”等各种具体的利益加以关注。

（二）深化“三治融合”的基层社会治理制度

构建自治、法治、德治“三治融合”的基层社会治理制度，是由最早发源于浙江的“枫桥经验”的创新性成果。在2018年11月，中央政法委、中共浙江省委在“枫桥经验”的发源地绍兴市召开的纪念大会上强调，要把自治、法治和德治作为根本方式，努力建构一套基层社会善治体系，并以此不断增强人民群众的获得感、幸福感和安全感。

“三治融合”当中的自治就是要把基层的治理权力交给人民，形成一个有事好商量、有事要商量、有事多商量的朴素制度。由此，把问题公开化和透明化，把事情和问题摆到桌子上，可以有效改变过去基层群众“一开会就批评基层干部”的情况。把这一套由基层群众说事的制度有序推开，可以化解“压箱底”的矛盾。因为原来许多社会矛盾都是由于信息不透明引起的，即便基层干部已经做了最大的努力，但是由于信息不透明也会产生一些误解。现在形成了一系列自治制度，比如农村党支部“四议两公开”制度，把决策权交给群众。从议事开始，直至决策的全过程都公开和透明，获得了基层群众的信赖和支持。即便还存在一些社会矛盾，也就是在刚出现风险苗头时，就会被有力化解。

“三治融合”当中的法治是要让人民群众真切感受到公平正义的实现。通过遵从法治，构建一系列有力的法治制度，既可以对基层立法进行有效供给，并且能够对基层自治和德治的实践经验加以提炼，并及时转化为政策和法律，为法治制度提供一系列实践基础。

“三治融合”当中的德治是要让道德引领社会治理。新时代以来，我们将中华优秀传统文化和社会主义核心价值观相互融合，滋养人心，充分发挥德治的作用。在基层社会治理当中，充分把家风家教纳入基层社会治理，借助现代科技的支撑，为德治的制度建设提供了一个重要的前提和条件。德治与自治、法治最大的区别是前者要求一部分群众认可的道德高尚者自愿为基层社会治理贡献力量和智慧。在各地建构起乡贤议事会的制度，形成新型的道德评判制度，借助社区和农村的精英人士道德的背书力量，将判断社会事物价值观的标准，交还给人们共同认可的道德标准。

“三治融合”的制度可以相互补充，有机结合，共同发力。各地基层社会治理的“三治融合”制度基于各地的特色表现为不同的基层社会制度体系。在充分调动基层社会主体的力量情形下，借助信息技术的优势形成了多种有效的适度运行新态势。

（三）完善基层保障制度

要确保基层社会治理制度的有序运行，需要在基层建立起一套确保这些制度运行的保障性制度。这些制度往往包括人才管理制度、投入保障制度、示范性制度等各种制度。

1. 建立和完善人才管理制度。基层公务员和基层各种服务人员是整个社会基层运行的有力保障。只有在人才引进方面建立和健全加大引进基层公务人员和相应的紧缺专业人才的制度，才能够确保流入基层的人才源源不断且具有生命力。当前基层社会治理当中最为紧缺的就是人才，特别是在社会治理不断推进的大背景下，各种基层公务员和社区工作人员都已经呈现出了明显的疲劳感，这就要求基层引入各类人才，充分发挥基层干部的影响和作用。在道德治理方面，农村和社区的精英，可以“五老”的形式体现出来，现正通过将其嵌入等各种制度，将其有效地引进来和储备起来，在关键时刻可以发挥作用。除此之外，制度引进来之后还进行人才培养，针对选调生、乡村干部人才、高素质农民等各种基层治理人才，采用合理的人才管理制度，让他们在基层社会治理当中不断地发挥力量。

2. 建立基层投入保障制度。进行基层社会治理活动必须依靠特定的财政保障，只有将基层组织活动和公共服务运行经费都有序给予保障，才能确保各级基层干部的基本报酬。社区基本的公共服务设施，甚至是信息化建设的经费都要得到保障。投入保障制度考虑各种经费报酬适当增长。比如，根据村级办公经费标准，村干部的基本报酬和社区相应的干部报酬标准都设置适当的增长机制，让基层社会治理的工作者感到他们的投入有盼头。同时，通过拓宽投入机制的方式，使得基层对于资金有一定的统筹使用自主权，既加大自身造血功能又能够适当地放宽其自主运行能力，确保其投入保障制度的原则性和灵活性相统一。

3. 建立示范性制度。当前全国各地形成了许多有重要影响的制度。但这些制度如何为其他地方参考转用，还存在着一定的区域和条件限制。建设示范性制度，将全国各地的有效制度加以推广，省级层面的制度示范平台会把相关制度在特定区域内广泛推广，形成一系列制度比较优势，促使各地向其他地方学习先进经验，并且根据当地实际建设一系列有益的基层社会治理制度。

基层社会治理制度的共同体创新，就是把各种不同层面的社会群体以特定的方式联系起来，各种社会主体的利益和价值都能得到制度性保障，确保整个基层处于一种可持续的有效治理运行条件当中。

三、社会安全治理创新的共同体制度建设

社会安全治理创新的共同体制度建设需要以维护社会稳定为前提，确保不同群体的利益都能在公平正义条件下得以维护。从社会

安全治理的视角来看，重点是考虑社会安全视角的社会治理制度。

（一）完善正确处理人民内部矛盾调处制度

衡量一个国家社会治理现代化水平的高低有许多标准，但一个极为重要的标准是人民内部矛盾的调处制度。

党的十九届四中全会考虑到新时代社会主要矛盾的历史性变化，站在推进社会治理现代化的新高度，对如何完善新时代新形势下人民内部矛盾的调处机制作出了顶层设计，以期达到保障人民安居乐业、实现国家长治久安和社会长期安定有序的重要目标。在正确处理人民内部矛盾方面，习近平总书记非常关心“枫桥经验”。党的二十大报告提出：“在社会基层坚持和发展新时代‘枫桥经验’，完善正确处理新形势下人民内部矛盾机制，加强和改进人民信访工作，畅通和规范群众诉求表达、利益协调、权益保障通道，完善网格化管理、精细化服务、信息化支撑的基层治理平台，健全城乡社区治理体系，及时把矛盾纠纷化解在基层、化解在萌芽状态。”

一方面，畅通公众诉求表达渠道的制度和机制。让人民有合理的诉求表达渠道，是可以将人民团结起来形成共同体的重要矛盾调处制度。以往信访制度是畅通公众诉求表达渠道的最主要制度和机制。信访制度需要进一步完善和创新，大力健全领导每月下基层接访的制度。在信访制度的新发展背后，实际上是要解决多元化社会纠纷解决体系的诉求表达渠道，以防社会内部矛盾集中流向司法机关。具体的制度创新包括以下三个方面：一是构建社会矛盾纠纷多元干预调处化解综合机制，包括加快建立覆盖城乡的各类人民性质的调节制度，及时高效化解人民群众内部纠纷，修复内部社会关系；二是推动群团组织行业性协会设立与行业相关的具有专业性的调节制度，利用专业性和权威性解决特定领域和特定行业的纠纷；三是推动纠纷仲裁机制进一步完善，发挥仲裁的自愿性、强制性和简便性，发挥制度优势，引导各类纠纷在仲裁范围内有效解决。

另一方面，要对社会矛盾源头预防制度进行深化。社会矛盾往往是一个由小到大、由少到多的积累过程，许多社会矛盾往往在源头上将其化解是相对容易的。在当前的社会矛盾源头预防制度框架下，完善科学民主和依法决策，把公开透明、群众参与、专家论证、风险评估等各种制度纳入社会矛盾源头预防制度当中，能最大程度推动公共决策，尽量吸收各方意见。最终，可以避免决策不合理，绕开群众关心的利益诉求，从而埋下矛盾隐患。再者，可以通过健全严格规范公正文明的执法机制，采取多种形式说服教育、调节疏导等柔性手段，把法治和德治的手段充分融入社会矛盾源头预防制度当中去。由此，可以最大程度畅通和规范群众利益表达，使得群众的合理诉求可以通过特定有序渠道得到解决，避免引发社会矛盾。

（二）完善社会治安的防控制度

社会治安是社会治理的最重要领域之一，是否实现了社会治安的稳定和谐，关乎社会治理能否有序推进。当前，在现实社会治安条件下，加强了全方位、立体化的公共安全防控网络的制度建设，充分调动广大人民群众的积极性。在此过程中，还充分利用先进的科技手段，比如大数据、云计算、人工智能和物联网等各种智能科技，推动社会治理网络的专业化、智能化和信息化的提升。通过完善治安巡查、案件督办、群众监督、违法处置等各种社会治安基础性制度建设，确保社会治安的安定有序。除此之外，网络上的社会治安制度建设也在进一步加强，在现有的制度基础上，网络监管、信息审核、舆论引导、违规处罚和信息追溯等各方面的制度建设也要进一步加强，特别是针对当前愈演愈烈的虚假信息，发布网络谣言等各种行为的打击制度，也要进一步完善，由此可以对网络综合治理体系进一步提升，确保网络也不是法外之地，确保网络空间可以在社会安定有序的轨道上正常运行。

（三）完善社会自律机制

除了自上而下的综合治理制度，还要对社会自律机制进一步完善，确保社会矛盾可以通过社会力量进行合理化解。社会自律是社会主体自主解决自身社会矛盾的一个重要机制，可以做到预防与治理相结合，是一种便捷的治理制度。通过对企事业单位、社会组织、人民群众等各种不同群体的引导，通过特定群体内部的协商，形成内部治理结构。可以对职工的权益和特定社会主体的权益进行透明化和内部公开，避免单位内部和社会特定主体内部的矛盾转化为社会矛盾。与此相对应，社会组织的相关制度建设则有助于培养公益性、服务性、互助性的社会性组织，可以使得各种社会组织相应地承担起志愿服务、化解矛盾、预防犯罪等各种公益职能，可以让许多社会组织通过自律机制，将各种社会治理的力量充分发挥起来，在社会内部真正实现自律。

充分发挥各种社会治理力量，必然要运用基层社会协同治理制度。“枫桥经验”的精髓在于依赖一套社会自律机制，它可以将社会矛盾通过自律机制的方式化解在基层，实现“小事不出村、大事不出镇、矛盾不上交”。这样的机制，通过坚持把城乡社区作为化解社会矛盾的第一线，在合理分隔网格的条件下，把各种警务站社区工作者、网格员和志愿者队伍也都纳入社会治理的每一个网格中。当人民内部矛盾开始萌发时，网格内的各种主体以相应的身份接触矛盾的爆发点，在各种主体提前介入的方式下有利于对社会矛盾的积极解决。另外，从近年来社会治理的实践困境来看，基层社会协同治理制度还应该考虑着力营造见义勇为的社会氛围，使更多的陌生人愿意参与到社会协同治理当中来。

进一步来看，要完善社会自律机制，还要考虑德育制度建设。道德是社会治理当中无处不在的因素，良好的德治教育是对社会心灵教化的重要力量。只有通过德育体系和制度建设，才可能真正从心理层面帮助群众解决生活困难，解开思想上的疙瘩，化解心理隐患，推动社会和谐发展。对于社会救助体系当中真正生活困难和经济困难的人员，不仅要给予物质上的帮助，还要考虑心理上的关怀。通过德育干预机制，对社会心理进行危机干预，对在社会中因为特定事情或者某些具体事件导致的行为失常的人员进行有效的心理疏导，推动其恢复自尊和自信，以理性和和平的方式正确对待社会。我们可以在社会、家庭和学校等各领域真正地建立健全德育制度，使得社会公德和职业道德、家庭美德各方面相结合，引导社会成员积极向上，弘扬中华民族优秀传统文化，发挥不同优秀道德品质的模范带头作用，促进“家风”“民风”和“社风”向着更加积极的方向转化。

国家安全保障制度也要被纳入社会综合治理制度当中，当前世界处在百年未有之大变局，人民群众对于国家安全的需求日益突出。因此，国家安全方面的制度建设也迫在眉睫。中国坚持保障人民安全，就要把国家安全保障的相关制度加以完善，构建政治、经济、文化、社会、生态、信息安全为一体的国家安全体系。特别是要加强对国家安全风险预判制度建设，防范敌对势力的渗透破坏和颠覆，确保国家和人民利益不受损害。

社会安全是人类社会的基本诉求。社会安全的实践无法离开多元社会主体的协同和自治。在原有制度设计条件下，结合当前不确定和复杂性日益增强的背景，党和政府可通过构建各种适合新时代的公共安全治理新制度，才可能更好地化解前所未有的突发性公共安全事件，确保社会稳定有序。

第三节　创新社会治理共同体实践

除去社会治理理念和社会治理的制度建设之外，社会治理最大的优势在于它有“烟火气”。社会治理当中许多鲜活的事情都发生在社会治理的实践当中。这些年来，许多社会治理鲜活的案例都体现了社会共同体实践。随着社会治理共同体实践不断推进，社会治理共同体的作用发挥更加倾向于解决社会安全或社会稳定问题。党的二十大报告中关于社会治理共同体的论述放在了第一部分，即“推进国家安全体系和能力现代化，坚决维护国家安全和社会稳定”，重点从安全和稳定的角度对社会治理共同体的建设加以论述。总的来看，如果要对社会治理共同体的实践创新加以囊括，可以选择以下三个维度。

一、基层社会治理的共同体实践

基层社会治理的共同体能否建构成功，决定着整个社会治理共同体是否能够充分发挥作用，基层社会治理共同体的成功建构是推进社会治理现代化的关键。习近平总书记指出：“推进改革发展稳定的大量任务在基层，推动党和国家各项政策落地的责任主体在基层，应对风险和挑战的主战场也在基层。”①

在党和政府的不懈努力之下，基层社会治理的共同体在以下三个方面取得了典型的成效。

① 中共中央党史和文献研究院编：《习近平新时代中国特色社会主义思想学习论丛（第二辑）》，中央文献出版社 2020 年版，第 6 页。

（一）建设城乡社区

“基层”本身是一个空间概念，我们所说的“基层”一般指的就是城乡社区。城乡社区中的“社区”定义与“共同体”最早是相关的，但“共同体”并非“社区”的唯一词源。1887 年德国社会学家斐迪南·滕尼斯（Ferdinand Tonnies）在他的著作《社区与社会》（*Gemeinschaft and Gesellschaft*）中首次提出了“社区”的概念。吴文藻在 1935 年时提出要研究社区（Gemeinschaft），但有时吴文藻也把 Gemeinschaft 译为“自然社会”[①]。随着研究的深入，费孝通建议，将英文 Community 译为“社区”，后经燕京大学社会学系师生集体认同，将滕尼斯的 Gemeinschaft（共同体）与 Community（社区）分离开来。“共同体”更多地被体现为一种包含理想社会形态的概念，而“社区”更多地强调一种现实的联合。

费孝通在 1984 年将“社区”表述为：社区是若干社会群体或社会组织在某一地域里形成的一个在生活上互相关联的大集体。从官方的定义来看，2000 年中共中央办公厅、国务院办公厅转发的《民政部关于在全国推进城市社区建设的意见》明确指出，社区是居住在一定地域范围内，人们社会生活的共同体。把这些观点进行一个总的概括，可以理解为：一定的人群，在一定的地域范围内，按照一定的社会关系组成的共同生活体。

按照这样的定义，社区的类型可以划分为城市社区和农村社区，但两者之间又有些区别。城市社区以工业和服务业为主，其中人际关系以分工和专业化相联系；农村社区以农业为主导，生产和居住相对分散。城市社区中短暂性社会关系交集多，呈现多元化状态；而农村社区居住密度低，同质性关系和血缘关系更为紧密。

---

① 丁元竹：《中文“社区”的由来与发展及其启示——纪念费孝通先生诞辰 110 周年》，《民族研究》2020 年第 4 期。

可见，要将人们以特定的方式联合起来，形成一个社会治理的共同体，必须要确保城乡社区能够获得较好的多元联系方式，还要确保这些多元联系能够更加紧密。因此，城乡社区需要更具系统性、上下相联的公共服务，并以公共服务来引导整个社区的联合。党的十八大以来，从《中共中央　国务院关于加强和完善城乡社区治理的意见》提出加快城乡社区公共服务体系建设，到《中共中央　国务院关于加强基层治理体系和治理能力现代化建设的意见》明确研究制定社区服务条例，再到国务院办公厅印发的《“十四五”城乡社区服务体系建设规划》，对“十四五”时期城乡社区服务体系建设作出全面部署，政策红利不断释放，推动社区服务设施不断完善、服务人才队伍不断壮大、服务信息化建设不断加强，取得了有目共睹的成效。

通过公共服务形成的资源引导，可以形成社会生活的资源集聚，解决独居老人的照看问题、孩子放学的托管问题，包括提供家政、餐饮和美容美发等生活需求，使得人们在特定的地域内形成关系更加和谐的共同生活体。因此，新时代，中国要建立的城乡社区，是面向“全龄人口”全过程生活的美好生活联合体。只不过城市的综合服务设施虽然已经基本实现全覆盖，但稳定性和质量还有待提高。在新冠疫情发生期间，社区的公共服务就面临着被挤兑的情况，基本的公共服务虽然可以保证，但相对高质量的公共服务仍然难以保证。更关键的是，在农村社区，公共服务的覆盖率只有65.7%。城乡社区服务之间不平衡不充分等问题仍然比较突出。

基层社会治理的共同体实践首先要考虑的是建设城乡社区，社会治理重心向基层下移，充分发挥各种社会主体的作用，确保各种社会力量下沉到城乡社区，这才是基层社会治理共同体取得成效的关键。

（二）实现“三治融合”的城乡一体化

《中共中央关于坚持和完善中国特色社会主义制度　推进国家治理体系和治理能力现代化若干重大问题的决定》明确提出，“三治融合”要从乡村向城市社区拓展。党的十六大以来，社会主义市场经济体制快速发展，各种社会现代化的进程不断加快，伴随着网络信息技术的广泛运用，城乡一体化的格局不断完善。城市当中不但融合了许多农村居民，并且也呈现出了社会矛盾更加纷繁复杂的情形。因此，在城市社区推广“三治融合”是具有必要性和可行性的，特别是党的十八大以来，党中央大力推进基层社会治理，鼓励和支持基层群众实行法治条件下的自治，将“三治融合”从农村推向城市也是一种值得考虑的探索。

1. 丰富“三治”内容，优化“三治融合”逻辑，便于实现城乡一体化。自治、法治、德治相结合是新时代“枫桥经验”的精华，写进了党的十九大报告。三者结合的功能和优势在于以自治增活力、以法治强保障、以德治扬正气。从法理层面，可以说以自治增添活力、以法治定分止争、以德治春风化雨。自治以其民事民议、民事民办、民事民管而凝聚共识、实施共治；法治以其规则刚性、程序透明、准则有效而定分止争、惩恶扬善；德治以其核心价值、公序良俗、社会贤达而弘扬正气、引领风尚。但自治、法治、德治三者在逻辑上如何排序，既是一个理论问题，也是一个实践问题。

理论界曾有过关于“德治、法治、自治”和“法治、自治、德治”不同排序方法的讨论。党的十九大报告将其确定为“自治、法治、德治相结合”，这一排序法体现的是民主治理、依法治理、以德治理的现代治理逻辑，反映的是以民主为根本、以法治为保障、以德治为依托的基层治理特征，表达了新时代基层治理新格局中的辩证思维和社会现代化进程中的治理法理。

2. 推广“三治”案例，推动“三治融合”示范，便于实现城乡一体化。一般来看，人们倾向于认为城市社区的联合相对容易，借助科技的发展，城市社区在“三治融合”的创造方面更容易出彩。但事实上许多“三治融合”的优秀案例都是先由农村开始发源，再推广到城市社区，各个城市社区运用广泛的议事平台、议事会、圆桌会议等，最早是在农村社区先产生的。其原因在于农村社区当中居民人数相对较少，同质性相对较强，因此遇到事情时坐在一起商量更容易。

在江西新余推广的“颐养之家”，前身是在农村首先发展起来的“幸福食堂”，起初是为了解决农村当中少数老年人的养老问题。在一些商会支持下，通过村委的努力形成了一个良好的自我治理形态，解决了农村绝大多数老年人的养老伙食问题。这个养老案例被推广到全市范围，希望在城市社区也建设同样模式的“颐养之家”。但现实是，农村社区所呈现出来的同质性强的问题，在城市社区是难以解决的。表面上看起来，城市社区在利用公共资源方面相对便利，但要实行联合治理时，其各自的异质性立即会体现出来——城市居民各自需求不同。

因此，推广“三治”案例也要因时制宜，因地制宜，按照不同的城乡地域和不同人群需求，针对性地提出相应的改变，促使农村和城市社区中好的案例产生互动，加快“三治融合”。

3. 激活社会面的“三治”主动性，推动“三治融合”。“三治融合”当中的群众自治是“三治融合”的基础，保证“枫桥经验”有效实施的关键是群众的事情自己决定。各地在创新“党建+基层治理”的一个重点工作就是完善村规民约，把党和政府希望做的社会治理工作纳入村规民约当中，并且明确奖惩措施，通过硬约束和软引导，充分调动居民参与基层治理的热情。特别是通过村规民约、

"两调一议""四议两公开"等方式，使得居民在合法的条件下成立相应的议事会、议事团、议事平台，最终使更多的基层群众参与到自治当中来。同时，还要发挥法治的保障作用。各地都在积极探索相应的法律讲堂，也建立了相应的普法微信群，定期为群众普及法律知识，也为群众讲解维权的办法，这都属于法治当中的有效创新，也增强了群众的参与感。在德治方面，各地在基层社会治理方面的创新案例非常多，其中包括大力宣传中华传统文化的案例，身边的好人好事，利用道德银行、道德评判团、红黑榜、好邻里等树立新风、树立正气的好做法，把公共道德作为引领，形成了道德良善的社会氛围。

（三）加强流动人口服务和管理

根据第七次全国人口普查的数据显示，全国的流动人口达到3.76亿人。在数据普查出来之前，年度数据预告的流动人口规模大概为2.7亿—2.8亿。第七次全国人口普查数据出来之后，按照人户分离，县与县之间算作流动人口来看，实际流动规模高达3.7亿，该数据比预期数值多出一个亿。从流动人口构成来看，跨省流动人口占比在总流动人口中达1/3，省内流动占比约为2/3。这意味着省内流动人口包括市内、县内、乡镇间的人口流动活跃程度都在增长，城乡流动非常活跃。而省内人口流动的活跃，也导致部分中西部城市，包括小城市对人口吸纳的能力也在提升。

同时，中国流动人口的特点之一是主体以农民工为主。关键是这些流动人口主要涌入的是沿海主要城市，特大城市或者城市群出现人口快速流入现象。农村外出务工人员流动之后，居住地和工作地主要是在社区，做好包括农村外出务工人员在内的诸多流动人口的服务和管理是社会治理当中基层工作的重点。遗憾的是，由于中国的社会治理供给侧仍然处在不平衡不充分的阶段，因此这些人口流入的城市并没有办法提供足够的公共服务，包括没有办法接纳这些流动人口的孩子的教育问题、老人的养老问题，形成了许多留守儿童和留守老人。

为了做好这些流动人口的服务管理工作，中国在基层社会治理当中形成了一系列的创新。

创新的第一个环节是对于生产要素的调配，特别是对建设用地跨地区进行调剂。由于大城市流入人口较多，它的土地资源相对紧缺，而流出地所需要的建设用地反而相对较少。所以从宏观层面来看，全国已经在建立全国建设用地指标调配的交易平台，这是在确保农村耕地红线不改变的情况下，跨地区调节农业用地和建设用地。由此，人口流入地可以获得更多的用地指标，而对于人口流出地来说，可以获得一定的建设资金，对于可以把土地作为资产置换的流出人口而言，也可以获得一部分创业资金。

创新的第二个环节是在欠发达地区调整基础设施建设。过去许多地方政府在进行社会治理当中形成了一种固有思维，认为社会治理就应该把社会治理的基础设施都做到位，但是在不考虑流动人口变化的情况下，如果把“村村通”做到极致，哪怕村里只有一个人也要把修路、供电等都落实到位的话，就会造成资源的极度浪费。这是社会治理中无形的损耗。在特别需要这些资源的大城市，反而缺少相应的配套。

创新的第三个环节是公共服务的公平性和效率保障。由于农村社区的人口越来越少，如何为欠发达地区特别是人口流出的欠发达地区提供公共服务，如何实现相对公平，就需要有一个重要的考量。结合脱贫攻坚的经验来看，许多地方提出的异地搬迁就属于这类创新的一种。为了避免公共服务资源出现浪费性消耗，可以使村民集聚性居住，确保资源可以合理公平并且有效提供。

二、市域社会治理的共同体实践

社会治理实践正不断地深入发展，社会治理的外延也从基层拓展到县域、市域和省域。按照目前中国的行政区划来看，社会治理的确可以划分为省域、市域、县域和乡镇基层治理等不同的形式。其中省域、市域和县域治理都属于地方治理的范畴。

回顾社会治理的历史，市域治理是整个社会治理当中最容易被忽视的环节，也是社会治理当中最可能存在风险的地方之一。因为目前中国的第一级城市，一般有成百上千万人口，而且流动性人口较多，城乡接合的地方人员构成复杂，各种社会综合治理和民生问题相互交织，极容易发生大规模的突发性和群体性事件。

党的十八大以来，市域治理已经成为顶层设计的重要内容，在市域治理层面也已经进行了一些创新。特别是 2018 年以后，中央政法委明确提出市域社会治理的概念，部分城市开展市域社会治理现代化的试点工作。在此过程中，各地创造了不少市域社会治理的新方式，提出了许多新办法。直到党的十九届四中全会，市域治理方面的一些创新逐步得到认可。但是，还应该基于共同体的理念和制度，推进市域社会治理建设，使其与现代社会治理相接轨。正如党的二十大所指出的，加快推进市域社会治理现代化，提高市域社会治理能力。

（一）建构市域社会治理政府机构职能

由于市域社会治理本身是自上而下的顶层设计结果，因此政府在社会治理当中的行动是起主导作用的。尽管社会治理当中反复强调政府与其他社会治理主体是一种平等与合作的关系。但多元主体参与共治，首先要依赖政府职能的转变，特别是在一个全新的社会治理领域当中，只有通过公共权力逐步让渡，并通过公共权力给予适当的引导，才有可能把其他社会新兴力量吸引到市域社会治理的工作当中。

当前市域社会治理当中的政府职能转变，主要以三种方式展开。

1. 政社分开。政社分开实际上是一个很早就提出的命题。简单来说，就是凡是社会可以做到的事情，都应该让社会去做，如果社会完成不了，才应该交由政府按照行政程序来执行。这种简单的表达方式，说明了政府与社会之间多元互动的辩证结合关系，政社分开本质上就是让人民群众直接参与社会治理，并且主要让人民群众做裁判员和运动员。

从理论上讲，现在的社会结构往往可以分为政府、市场和社会三大主要部门，其中政府有权，市场有钱，社会良性运行，需要使政府和市场这两个部门都受到法律的严格限制，如此才能够确保社会这一部门能够获得平等对待。在过去社会管理的体制下，政府部门的权力相对过宽。进入社会治理之后，为了使人民群众积极参与，政府部门的“手”就应该被管住。其中包括以下几个方面：一是政府要在适当的权责范围之内行事；二是政府要接受来自上级部门和社会公众的合理问责；三是领导不可以随意决策。相对市场部门而言，最主要受到限制的应该是抑制投资冲动和逃避社会责任。

基层社会治理虽然也强调政府和市场应该各自管住自己的“手”，要把许多社会可以自行调节的事情让渡给社会，但是在现实情况下，基层政府仍然管得较多较宽。在基层社会治理当中，人民群众对于政府的期望是很高的，甚至当社会治理工作中出现困难时，还会向政府伸出需求的“手”。如果政府未能满足人民群众对于社会治理方面的需求，人民群众甚至有可能会对政府心怀不满。同样，基层社会治理当中市场的“手”也是调节具体社会资源的关键，许多社会治理资源的跨地区、跨时域调整往往都依赖于市场来实施。

然而，在市域社会治理当中，政府和市场的“手”则可以相对让位。因为在市域社会治理当中的社会部门面对的是相对理性的社会群体，这些群体相较于基层群众，无论是自治意识、法治意识还是德治意识都相对较高。在城市当中推行议事协商的可能性和成功性都相对提高，人们在进行社会治理当中协商会相对理性。

2. 政府部门职能融合。在现有的市域社会治理实践当中，最为典型的创新就是各地纷纷进行党政体制的融合，许多地方重塑了组织体系，成立了市域社会治理委员会，并且对市域治理当中相关部门进行了统一组织、统一部署。

其中，市域社会治理往往把与人民群众直接相关的公共服务进行融合，全面优化市域政府治理机构，对许多可以合并的部门治理资源进行整合。同时，借助智能技术，把社会治理当中的服务窗口进行一站化设置，一网化办公。典型的方式是在线下整合接待中心、法律服务中心。在现场设置专职调解员，在网上实行在线咨询、在线调解、在线援助。除此之外，在社会治安、安全生产、公共卫生、自然灾害等重点领域，汇集各部门数据，形成全过程应急管理体系。面对市域范围内的突发事件，人员可以直接由中心统一调配。

这种权力下沉和数字赋能的方式，使得社会治理资源被充分整合起来。特别是在市域范围内的放管服改革，最大限度地将民生服务推到人民群众眼前，许多市域范围内的民生服务政策可以得到简洁高效的响应，并且获得市域社会治理资源的统筹安排，实行快速反应、高效处置。

3. 政府职能下沉。通过技术赋能，一网通办整合的力量大大节省了市域社会治理的资源，因此适用于社会治理，实现了政府部分职能下沉。其中典型的是党建融入网格，使得党员干部队伍的力量可以向基层下沉，并且通过政府组织适用于社会治理。市域范围内的各种志愿者队伍，甚至是市场主体都融合到网格当中，成为社会治理的重要力量。

（二）优化社会共同体结构

市域社会治理当中的创新，还包括优化社会共同体结构，虽然在市域层面，社会主体之间的异质性更大，但由于市域层面社会主体之间的理性程度更高，分工更为明确，居住空间更为接近，生活利益更加相近，因此市域社会治理当中，社会共同体的结构往往结合起来更容易，结合形态也更加多样。

1. 各种市域社会治理的自发志愿队伍不断增加。在市域社会治理当中，人们自愿参加社会治理的风气不断增加，比较典型的是各种志愿者队伍不断增长。湖北省武汉市东西湖区的“红心同行 · 江城蜂巢”“绿行达达”志愿服务队，四川省成都市锦江区的“小牛哥 · 先锋车手”，江苏省常州市“青年快递骑手网格志愿服务队”……快递小哥齐上阵，为社会治理注入了无限活力。外卖小哥和快递小哥作为市域社会治理当中的潜力股，他们走街串巷，最熟悉社会治理的民情。广东、安徽、江苏等地发动外卖骑手，提升社区治理效能，外卖骑手将红袖章戴在手臂上，认真履行社会责任，为保一方平安、促一方和谐，尽自己最大一份努力。在安徽省黄山市休宁县，小店老板、广场舞大妈、退休党员、乡村医生等参与预防化解矛盾纠纷，有力维护了当地社会的平安稳定。

2. 依托综合治理中心，整合各种社会治理资源。参与市域社会治理的自发志愿队伍发挥了一部分引导作用，特别是利用相关综合服务平台，整合党员干部、入党积极分子、网格员，甚至是公共场所的保安人员、交通协管员等，形成了由政府部门参与的群防群治队伍。这些志愿者既有政府综治服务平台的认证，也有自身的社会治理热情。新型的“政社”整合机制让社会治理主体更加安心地参与到政策宣传、文明创建和环境保护等各种志愿活动当中。

3. 构建“半政半社”性质的队伍。如果说前两种在社会治理当中，社会主体的参与仍然是以志愿为主，那么市域社会治理当中的“半政半社”性质的队伍则是令人耳目一新的创造。近两年，“义警”作为一个适用于社会治理当中的新成员，属于“半政半社”性质的队伍，他们具有更强的组织性。各地组建了不同形式的“义警”，形成了“红桥义警”“二郎义警”“信州义警”等各种特色品牌，完全构建起了一个警民联合、联防联治、警力不足民力补的创新形式。

（三）发展市域社会组织

市域社会治理当中还有一个不可忽视的社会主体——社会组织。社会组织往往具有相对专业的水平，在市域社会治理范围当中，一些地方建设了社会组织，并且利用了社会组织的专业性，提高了市域社会治理的精细化。

在市域社会治理发展市域社会组织的过程当中，一方面，各地创新的完善社会组织管理制度，形成了不同水平的准入评估和运行监控，减少了市域社会治理当中社会组织犯错的风险，并且确保社会组织能够长期可持续地优化公共服务供给。另一方面，各地还创新地提出了许多运用社会组织协调资源的办法，通过专业优质的服务和规范的专业能力，实现社会治理的质量提升。

一些地方成立了社会组织管理服务中心，围绕社区治理中的痛点难点问题，针对性地更新服务项目，已推动社会组织开展独居、残疾、高龄老人养老服务，开展青少年校外托管、拓展培训的“四点半课堂”，组织法律志愿者参与化解家庭邻里纠纷，开展刑满释放、社区矫正等人员及亲属困难帮扶、心理疏导等活动。这些创新有效化解了社会治理当中的痛点和难点。

三、市场参与社会治理的创新实践

社会治理理念包含着充分发挥各种社会主体的积极作用。基本命题，然而充分发挥各种社会主体的积极作用并不等于要建构一种大社会、小市场和小政府的治理架构，社会治理的逻辑本身是要强调通过治理建构一个政府、社会、市场多个部门有机联合、共同发力创造更好的社会治理条件的氛围。

中国特色社会主义的社会治理强调“党委领导、政府负责、社会协同、公众参与”，但在这16个字的原则当中，没有特别点明的是市场部门参与社会治理。然而，在社会治理实践当中，事实上也运用了市场参与社会治理的努力，并且创造了许多有价值的创新实践。

（一）政府购买市场的社会治理服务

政府购买市场的社会治理服务，广泛存在于世界各国的社会治理形式当中。对中国而言，政府购买社会市场服务并不是什么新鲜事，但是正式把它作为政府规范性行为，则是自党的十八届三中全会以后。市场机制的导入可以吸纳政府一部分公共服务，政府通过购买并委托给特定市场主体的方式，获得相应的社会公共服务数量和规定的服务质量。政府购买市场的服务，既可以推动公共服务社会化，又可以对市场中一部分社会组织的能力进行提高，最后还可以倒逼部分政府职能转型，因此，政府购买市场服务得以在全国范围内迅速展开。

2020年初，财政部出台《政府购买服务管理办法》，以新的制度建构响应党的十九届四中全会的精神，全力助推共建共治共享的社会治理创新。这个从全国层面加以统筹考虑的政府购买规范，将政府购买服务实现了更标准化的创新。至此，政府购买服务的概念更为准确，购买的主体更为明确，购买的原则也更加清晰，购买之后服务制度建构也更加合理。

在相关顶层设计的推动下，各地纷纷建立了在社会治理领域政府购买社会服务项目需求清单，并且设置了一系列规范的政府购买程序，在公平公开公正的原则下，建立竞争择优的购买机制，形成了良好的实践探索。

2020年，《南昌市居家养老服务条例》正式施行，南昌市人民政府为了给居家老人提供专业化上门服务，打造家门口的养老院，财政安排5700万元用于政府购买养老服务，集中超过一半的财政资金用于政府购买居家养老服务，另外一部分用于开展助餐服务，其他的用于支持养老机构建设运营补助。市场的加入的确解决了政府在社会服务方面的供给困难，促进了社会治理的质量提高。

（二）推动企业公益服务

在社会治理理念的推动下，各地企业的公益责任感不断提升。企业自发公益投入正成为社会治理当中的新形态。根据关于社会治理的相关报道，各地救助困难群众的生活物资当中，已经有相当一部分来自企业的公益捐助，一些企业甚至对困难群体开展定向帮扶。

一些企业在参与社会治理当中提供公益服务，甚至为社会治理提供了重要的范本。新余“颐养之家”的服务就是最初来自商会企业对村里特定老人的养老支持，一些商会企业看到农村存在留守老人无法有效获得午餐和晚餐的情况，自发捐助建设“幸福食堂”，为老人提供午餐和晚餐。这种最初的公益活动是社会治理当中企业公益服务的自发创新。

（三）发展社会企业

与企业公益服务不同，在全世界各地还有一种专门参与社会治理的公益企业——社会企业。社会企业立足于解决社会问题，增进公众福利，并非以自身利益最大化为目标的企业。虽然投资者在企业当中拥有所有权，但企业采取商业模式去进行社会治理，并在个中获得资源。但投资者在收回投资之后不再参与分红，而是将所得盈余用于社会治理。

在国外实践中，2020 年美国商业曾组织商业圆桌会议，并在会议上发布了一份由包括杰夫·贝索斯（Jeff Bezos）、蒂姆·库克（Tim Cook）等在内的 181 位美国顶级公司 CEO 共同签署的声明文件——《公司宗旨宣言书》。在此文件中，它重新定义了一个公司运营的宗旨，并由此宣称：股东利益不再是一个公司最重要的目标，公司的首要任务是创造一个更美好的社会。

与此相应的，一些地方企业开始铺开公益创投，扶持社会工作服务、心理健康服务、残疾人服务、志愿服务等 22 个优秀公益服务项目，为社会开展针对、个性化服务，解决了不少社会治理的困难。

第五章

社会管理与治理的成就与经验

改革开放以来，在中国特色社会主义理论的指导下，社会管理和社会治理取得了非凡的成就，积累了宝贵的经验。社会管理和社会治理是辩证统一的，不能否定社会管理的成就和经验，应该将社会管理和社会治理视为一个有机的整体去理解其成就和经验。从成就来看，社会放活之后，社会更趋于和谐，在新时代的社会治理中持续革新。尽管当前中国社会治理仍然面临多主体的利益、价值和组织等多种类型的问题，但并不能因此否定社会治理的重大成就。在社会管理和社会治理实践基础上形成的宝贵经验，归根结底就是一条：我们形成了一套共同体建构逻辑。

第一节　改革开放以来社会管理与治理的历史成就

改革开放40多年来，中国社会管理与治理的成就可以从三个阶段来进行概括。对于社会管理与治理的成就概括，似乎可以从社会发展结果来展开，比如形成了多少比例的中等收入人群，产生了多少社会组织。但是，社会发展结果的体现还包括经济社会发展的方方面面，其内涵是超出社会管理与治理范围的。仅就社会管理与治理的本意来看，其应该关心的是社会运行机制性的发展。

一、放活（1978—1992年）

从1978年底党的十一届三中全会之后，中国进入了改革开放的新阶段。在这个阶段，一个最突出的表现就是对整个社会进行放活。这是对过去高度集中的计划经济体制、社会体制进行改革的一个尝试。在社会体制方面，侧重于解除过去的管制模式，逐步放松社会领域的各种管控，同时释放社会各方面的活力，使整个社会的各种主体都能够活跃起来。“放活”主要体现在以下三个方面。

（一）改革生产流通体制

在改革开放之前，中国采取的生产流通体制是高度集中的计划经济体制。这种体制容易产生两个弊端：一是由于信息不充分和行政主体在进行计划时的决策存在偏见，使得宏观经济决策常有失误，国民经济比例不能完全平衡。二是微观经济无法被搞活，企业和企业之间存在的关系被行政部门或者行政地域区划割裂。用行政办法替代市场办法的情况，会导致经济效率经常受到影响，企业和工人的积极性经常无法得到有效提高。

在改革生产流通体制之前，企业初步做了一些铺垫性改革。最早进行的是国有企业内分配体制的改革。国有企业和职工之间的物质利益关系由此得到了调整，企业在上交一定的分成后获得相对的自主权。但是分配关系的改革没有办法完全解决产品的生产积极性问题。随后，国有企业探索了扩大企业自主权的方法，也就是在原来纯粹依靠计划进行生产的形式上进行转变，在企业的微观生产中进行扩权让利。比较典型的代表就是四川的 218 个企业的"计件制"试点改革。但在计划经济体制当中，产品的销量和类型都受到严格控制，有条件的扩权让利和商品流通之间的有限制约必然会形成冲突。比如，在"计件制"下能生产更多产品，但是企业按照计划却不允许生产更多的产品。所以生产流通体制仍然存在着局限性，无法有效提高工人的劳动积极性。

因此，把产品生产和流通的计划经济体制改革为商品生产和流通的经济体制，才能有助于解决以上问题。此后的改革，我们积累了很多生产流通体制方面的改革经验，到 1992 年，中国基本上形成了市场经济体制下的总体生产流通的格局。虽然在思想界还存在着一些质疑，但是自 1992 年邓小平南方谈话之后，原有的生产流通体制基本上转向了市场经济体制。

（二）劳动人事制度改革

劳动人事制度改革是要在国家的计划指导下对劳动力进行灵活地调剂，使得我国的人才成长和利用趋于合理化。同时，针对具体工作特点，可以对各种用工形式和工作的时间制度进行调整。推行劳动合同制和聘任制，此外，有些工作还可以实行非全日工作制或者家庭工作制度。劳动人事制度改革还包括建设劳动服务公司，借助公司统筹安排和协调，对社会劳动力进行适当的就业前培训，而对待业人员和剩余劳动力的工作进行指导和组织。

为了落实好这个改革，国家成立了劳动人事部。通过国家的顶层设计，中国基本建成了能上能下的人才流动机制。

（三）放松“单位制”“街居制”

1956年后，中国完成了社会主义改造，发展了新生的人民政权，建立了社会主义制度。中国逐步建立起了由国家主导和政府控制的经济、政治和社会运行的指令性体系。为了保证社会管理有效，中国形成了一套“网状”的社会管理体系。这个体系的关键词是“组织”二字。

1. 把所有城市居民组织起来，中国建成了“街居制”。中国共产党在接管城市之后，废除了原有的保甲制，却没有形成自己新生的组织体系。这样一来，基层社会的行政网络和组织网络就显得非常薄弱，城市居民存在脱离管理的可能。为了保证在接管城市时顺利地巩固新生政权，我们设立了“街道办事处”作为这个城市的基层组织，它是“接管委员会办事处”的变体。后来，经历了“街政府”和“街公所”的机构模式、派出所设民政干事模式的两种模式过渡后，最后在杭州试点建立了“居民委员会”。尽管我国在法规上一直把居委会定性为群众自治组织，但在实际运作中，居民委员会往往成为政府派出机构（街道办事处）的基层神经末梢。

2. 把城市劳动者组织起来，中国在“街居制”之后建成了“单位制”。这就形成了一个以中国共产党的基层组织为核心，把生产和生活空间整合为一个整体的新型共同体，并且通过计划经济和社会管理体制，把基层的各种劳动者紧密地结合在一起。

通过“单位制”把劳动者整合在网中，而其他的剩余劳动力和没有被纳入单位的其他城市居民被纳入了“街居制”的管理中，这两者支撑了一张严密的覆盖网。每一位城市成员都进入了政府的行政系统，要么从属于不同的单位组织，要么从属于特定的居委会。

但是，“单位制”“街居制”与生产流通体制、劳动人事体制必然产生冲突。社会主义市场经济，还有新型的具有活力的劳动人事体制，要求劳动者能够充分自由地流动。对于城市而言，它吸纳大量农民工，需要一个合理的管理方式。不能因为某个人从农村来或者从其他城市来，就无法在新的城市生产和生活。

因此，从20世纪的80年代开始，“单位制”和“街居制”开始逐渐松动，甚至在20世纪90年代后期，一些城市的“单位制”逐渐萎缩，甚至濒临解体，社区开始逐步浮出水面并逐渐起主导作用。就此，中国大体实现了从“单位制为主、街居制为辅”转向“单位制与社区制并存”的体系。这种放松打破了原有的高度行政化模式，转为行政为主、自治为辅的组织体系，呈现出国家向地方及社会不断放权，便于资源有效流动的状况。

以上社会管理体系的改革，扩大了企业在地方和城市的这种管理权限，很大程度推动了社会流动。在中国社会流动中，伴随着一个中国特色的人口概念——“流动人口”，其他国家通常只讲“人口迁移”或者“迁移人口”，一般不会讲“人口流动”或者“流动人口”。人口迁移一般是人口在一定的时间、不同的地理空间上发生的变化。在中国，流动人口只是指在空间上发生转移，但是户口却没有发生变化的人群。

让社会的人员资源充分涌流不是很好吗？为什么中国要采取这样一种方式？现实是，与人口户籍相伴随的还有农村的土地制度。中国仍然存在一种“逆城镇化”的可能，即当农村人无法在城市生活的时候，便随时可以退回农村。这便成为难以将土地与户籍进行完全切割的重要原因。为何我们不采取一种彻底的、没有退路的“人口迁移”？

要理解这一点，需要从历史上去找答案。中华人民共和国成立之初，其实并没有采取严格控制人口流动的政策。这一时期的人口主要有两个流向，一是农村人口向城市流动，二是人口从东部沿海向一些内地发展程度比较快的省区，特别是重点工业发展区（比如东北地区）流动。到了二十世纪五六十年代之后，从农村向城镇流动的人口不断增加，但城市并没有足够的就业岗位。因为当时侧重于发展资本密集型的重工业，其结果就是城市养不起过剩人口。

与没有就业岗位相对应的是，城市特意压低了农产品价格以保证低工资的实施。所以，城市需要避免农民大量涌入城市，减少城市的需求，从而保障城市里农产品的较低价格。一段时间以来，“流动人员”被称为“盲流”。按照中央的指示，农民流出较多的地方还要设立“劝止盲流工作委员会”。所以对应的，中国需要户籍制度作为城乡之间的一个屏障。20 世纪 80 年代之后，随着家庭联产承包责任制和乡镇企业的大力发展，农村无法容纳更多的剩余劳动力。而城市因为乡镇企业和其他企业的发展需要更多的劳动力，所以大量农民形成了“民工潮”。但是，由于城市迟迟不放开户籍制度和进行教育、医疗、住房等相应的改革，迫使农村外出务工人员主动保留农村户籍，以保障自己在城市无法逗留时，可以回到农村继续生存。

今天我们虽然采取了更多的户籍改革措施，农民却不愿意轻易放弃农村户口了。因为农村户口附着的土地权益在未来是一个长期可持有的可观的资产。简单来说，对农民而言，户籍政策设计经历了一个农村户籍被动保留到主动保留的过程。

而从符号论的角度来看，城市人曾一度被视为“现代”“先进”的符号，而一些城里人也管农村人叫“乡下人”。但改革开放之后，“乡下人”和“城里人”的差异在逐渐缩小了。从农村流向城市，农民获得城市户籍的主动性便不断下降。

二、和谐（1992—2012 年）

从 1992 年党的十四大到 2012 年党的十八大之前，社会管理的整个模式开始逐渐建立起来，这个时期的主要工作体现在社会管理的体制改革开始独立于经济政治改革，成为改革开放当中一个相对独立的重要的改革部分。

具体的工作主要是尝试构建一个与社会主义市场经济能够相互配套的社会管理结构与框架。通过这个新的框架进一步激发社会管理的活力，并且在这一时期的后期开始转向和谐社会的建设。总的来看，这一时期的主要成就体现在以下三个方面。

（一）社会管理市场化

从全球范围来看，20 世纪 70 年代以来，西方各国出现了经济滞涨以及相对应的社会危机。这就迫使西方政府普遍开始了改革，其中一个重要改革就是政府开始利用市场的力量，推进社会管理的市场化。

中国则在党的十四届三中全会通过《中共中央关于建立社会主义市场经济体制若干问题的决定》后，开始形成了建立社会主义市场经济的改革理念。这种理念不只出现在经济领域，而且迅速地拓展到了社会领域。这种发展也是客观原因所导致的，特别是 1994 年的分税制改革之后，“财政包干制”正式转向“分税制”。在新的财税体制下，中央政府改变了过去收入 40% 支出 50% 的财政结构，提升了中央的财权。但是地方政府在分税制改革之后，却面临着财权和事权不匹配——“事多钱少”，地方政府的财权比较小，却承担了主要的社会管理职能。所以在市场化的改革理念的影响下，地方政府结合财政困难情况，在社会管理上采取了市场化的一些方式。尽管社会管理市场化存在着一定的不足，但是在当时的社会管理改革体系下，社会管理市场化确实是社会管理过程中的一个重要成就。

社会管理市场化主要有以下表现。一是公共服务实现了市场化。公共服务市场化一般是指由国家财政来出资，通过公共部门或者私营企业或者组织来生产，由人民群众享用，满足人民的基本生活需要，保障基本人权和提高生活品质的做法。公共服务市场化一般表现为以下几个方面。第一，在公共基础设施建设和投融资体制方面，政府主要是在制定方针政策和筹集资金方面发挥作用，政府采取财政手段、银行贷款、建立投融资公司等一系列的方式来进行筹集资金。之后，一系列公共项目开发都取得了比较好的效果，而且民营企业参与直接投资基础项目的限制也逐步得到了解除。第二，政企分开使得一部分企业脱离政府，走向社会，特别是一些具有竞争性的行业，实现了政企分开。第三，科教文卫等领域也开始引入了市场机制，其中包括一些民办教育机构等。

二是社会事业单位进行社会主义市场经济体制改革。通过一系列的机构改革，社会事业单位逐步实现了政事分开，将一部分社会事业的职能交给了市场。

这项改革的直接诱因是政府公共服务能力不足，因此需要采取市场手段来解决一部分社会管理方面的困难。在理论界，社会管理市场化赢得了广大学者的赞同。因为从单纯的社会管理的角度来看，政府的确难以提供丰富多样且足够有效的社会管理办法。而通过市场化的手段，可以满足人民对于社会管理中相对丰富的需要，甚至可以较好地提升社会管理的质量。

当然，并不是所有的社会管理的市场化创新都会得到上级政府的认可，因为这类创新往往也意味着新的风险出现。可以看到，在一些城市中，在公共服务外包给企业的时候，时常会发生公共服务质量下降的情况。比如，公交服务市场化之后，企业会根据市场进行调节，像在收费比较少的路段，甚至会取消公交路线。这一点就与公共服务原有的含义相违背。

（二）社会管理法制化

社会主义市场经济条件下的社会建设，并不意味着市场可以包打天下，可以解决所有的问题。相反，市场经济在社会领域往往会呈现出失灵的状态，市场经济条件下的社会管理反而需要一套完备的法制工具来弥补市场失灵。所以，自我国的市场化改革开启之后，党和国家就更加重视法治建设。

党内逐步形成“一手抓建设，一手抓法制”的共识之后，党的十五大报告提出了法制对社会主义市场经济建设的重大意义。到1999年“依法治国”方略正式被写入宪法时，中国的社会管理法制化正式展开。这一时期中国取得的具体成就主要包括四个方面。

一是基层社会管理的法制化得到了加强。在人民公社解体之后社会秩序重建和单位制冲击的两大背景下，《中华人民共和国村民委员会组织法》在1988年正式试行。直到1994年《中华人民共和国公司法》出台之后，城市单位体制正式宣告结束。2000年12月发布的《民政部关于在全国推进城市社区建设的意见》之后，城市基层管理正式进入了社区管理范畴，初步完成了法制化建设。二是社会治安管理法制化也逐步完善，制定了一系列关于维护社会治安的具体意见。三是社团管理的相关法制化成就显著。特别是加入WTO（世界贸易组织）之后，社会团体的法律地位进一步得到确认，以2003年国务院颁布的《中华人民共和国基金会管理条例》为标志，我们在社团管理方面取得了较大成就。至此，社团、民办非企业、基金会作为我国社会组织的三个基本类型均已有法可依。四是社会保障法制化方面也成效显著。其中包括在社会保险方面、社会救助方面、社会福利方面和住房保障方面都出台了一系列法律。

（三）社会管理多元化

20 世纪 90 年代之后，中国的社会管理体制不再是高度“一元化”和高度集中计划的体制，指令性转变为多元、分级分层次、综合性的社会管理，市场经济体制下社会管理主体结构开始呈现（见表 5.1）。这种管理包括两个方面的内容：一方面，我们开始强调不同层级的政府履行不同的管理义务，其中特别强调了基层政府在社会治理一线的重要作用。另一方面，最主要的突破体现在社会管理引入多元主体，开始发挥各个自治机构和社会团体等主体作用。虽然政府仍然是最主要的社会管理主体，但是除了政府之外，社会管理的多元化趋势已经显现，多主体合作与政府管理形成了一个共同的合力。

表 5.1　社会管理主体结构的转换

计划经济体制下社会管理主体结构	转换	市场经济体制下社会管理主体结构
政府/单位	政府制度安排社会主义市场经济体制改革	政府 事业单位 社区自治组织 企业组织等
政府一元化的社会管理		社会管理的多元化发展

资料来源　卢汉龙：《新中国社会管理体制研究》，上海人民出版社 2015 年版，第 122 页。

社会管理多元化的一个主要表现是 20 世纪 80 年代所讲的“简政放权”。“简政”是指对政府机构的精简。“放权”是指上级政府对下级政府进行的权力调整，将权力逐渐下放并由地方实施。“放权”包括了以下几个方面：一是中央政府对地方政府的放权；二是省政府对于市区县等下级政府的放权；三是区县政府对乡镇政府的放权。

而这种所谓简政放权的结果，其实既是改革的要求，也是政府被迫的选择。在社会主义市场经济体制改革方面，社会管理必须要重心下移和结构分化，因为社会主义市场经济体制改革是对应市场经济的做法，社会主义市场经济只有在市场社会当中才能够正常运行。很难想象在一个高度管理的社会当中，在一个人口不允许流动的社会当中，能够进行社会主义市场经济体制改革。同时，在我国的科层制体系里面，本质上并没有解决“上级发文、下级买单”的行政格局，所以在这种体制之下往往会出现一种倾向：“下面一根针，上头千根线”。越是下级政府，社会管理的事务越多，并且还会出现“层层加压，层层加码”。在这种事权下移、财权上收的结构性矛盾下，各级地方政府实际上就具有了向社会寻求事务分担的愿望，这就解释了为什么政府希望加快市场化和法治化的重要原因。

如果进一步对“层层加压，层层加码”进行讨论，会发现这是组织社会学视角无法规避的问题。“层层加压，层层加码”出现在各级政府工作中。层层加码的现象背后，与我国的政府治理和官员政治锦标赛有着紧密的关系。

一是为了要完成任务。在我国政府治理自上而下的治理过程中，体现出集权到分权的主要特征，中央拥有最后的决策权和最终的验收权，而地方政府拥有具体的实施权和自主激励权。地方政府根据中央政府的决策一步一步地完成由上级政府逐步下派的行政分包任务。在这种压力型的体制下，上级对下级采取逐步加压的方式来寻求任务的合格完成。所以，比较稳妥的方式就是层层下压，以求完成其中的绝大部分任务。

二是“政治锦标赛”的催化作用。上级政府会采取一些指标性的“政治锦标赛”。特别是面对重大任务时，在这种重大任务的

“锦标赛”中获胜，可以获得向上晋升的更好的机会。所以上级政府意识到“政治锦标赛”的作用时，必然会对下一级政府产生压力作用。

三、革新（2012 年至今）

党的十八大以来，国际国内形势发生了重大变化，中国在政治经济社会等方面都面临着新形势、新任务和新要求。党中央带领全国各族人民对马克思主义中国化和时代化进行了创新和发展，提出了一系列有机联系的治国理政的新理念和新方法，形成了新实践，创造了新成果。归结来看，党的十八大以来，中国取得的历史成就主要有以下四个方面。

（一）新理念

党的十八大之后，中国实现了社会管理到社会治理的理念创新。党的十八大前后，世界国际形势发生了前所未有的大变化，我们面对的是百年未有之大变局，表现为国际形势错综复杂，粮食安全、能源安全、环境污染、气候异常、贫困和健康问题丛生等。同时，国内仍然处在社会主义初级阶段，但是社会主要矛盾正在趋向发生变化。人民不再满足于过去简单的物质文化需要，而是对美好的生活提出了更多的要求。这样的国情对全面加强党的领导提出了新的要求。对世情、国情和党情的正确认识，是为了解决民情的问题。新时代，人民想要更多的获得感、幸福感和安全感，甚至成就感——作为中国人看到中国取得伟大成就的成就感。

面对世情、国情、党情和民情的复杂变化，中国既要解决旧问题，也要解决新问题。对此，党的十八大提出在改善民生和创新管理中加强社会建设，而这一命题在党的十八届三中全会通过的《中共中央关于全面深化改革若干重大问题的决定》中被表述为“国家治理体系和治理能力现代化”，社会管理作为国家治理当中的一个重要部分，因此“社会管理”开始被“社会治理”这个概念所取代。

此后，社会治理便以习近平新时代中国特色社会主义思想为指导，全面深化社会治理变革，着力推进社会治理体系和治理能力现代化，推动社会充满活力又和谐有序运行。党中央采取了一系列新举措，大力推动社会治理领域改革创新，取得了历史性新进展新成效，开拓了社会治理的新境界。在这个新的理念的指导下，全国上下开始形成了新的治理格局，有效地应对和化解社会主要矛盾，开创性地提出了多元共同治理的新路径，形成了党领导下的共建共享的新的社会治理模式。以上这些努力使得社会治理的理念逐步深入人心。

（二）新体制

党的十八大之后，我们将深化政府体制改革作为重点，形成了以党政力量引领的社会共治的新体制，并取得了重要的成就。党的二十大报告明确指出共建共治共享的社会治理制度进一步健全。在新体制方面，中国的显著成效主要体现在以下四个方面。一是建立和完善党委领导、政府负责、民主协商、社会协同、公众参与、法治保障、科技支撑的社会治理体系。从中央到地方，从大城市到小农村，中国各地各部门的社会治理各具特色。但是，它们的共同点是融合了“党建+”的核心体制，政府充分发挥推动社会治理整合资源的能力，且充分发挥社会参与力量，从而极大地激发了各社会主体参与社会治理的活力。二是在国家治理体系和治理能力现代化的基础之上进行了有效的机构改革，对各个部门的职能进行了重新优化配置，在多个领域实行了多合一的体制改革，有效地解决了原来社会管理当中的多头管理问题。过去“八个部门管不好一头猪”的情况再也没有出现的土壤。三是基层的共建共治机制不断完善。

在不同的省份，基层形成了各具特色的基层社区治理新体制，其中包括养老服务、行政服务中心、网格治理等不同的社区复合型的治理体制。四是推动了社会组织的体制改革，包括完善了社会组织方面的相关法律，使得社会组织有了较好的成长空间。特别在应对“新冠肺炎疫情”和其他重大社会问题方面，社会组织发挥了重要的作用，并且获得了人民群众的很大关注。可见，社会组织体制改革的成功是社会治理现代化、专业化不断提升的一个重要表现。

（三）新技术

党的十八大之后，中国通过大数据和智能化等手段，搭建了有效的社会治理新平台。这些努力主要表现为以下几个方面。一是建设“最多跑一次”或者“一次都不跑”的行政服务平台。这些年来，互联网+的思路已经深入人心，为处理行政服务提供了极大的科技便利，所以在《政务信息资源共享管理暂行办法》等各种新的规定下开展了“一网通办、最多跑一次”等跨部门的控制平台。政府信息公开，数据共享已经明显加快了社会治理在智能化程度上的显著提高，使得老百姓感受到了更多政府的诚意和善意。二是完善了诚信体系，构筑了失信被执行人跨部门协同监管和联合惩戒的机制，有效地解决了社会诚信问题。三是建设了共享经济、共享社会的健康服务平台。通过一些包容而且审慎的监管原则，规范了网约车、共享住宅等共享行为。四是完善了网络社会治理。网络不是法外之地，但是征求民意之地，化解社会矛盾之地。通过完善网络社会的新平台，有效地解决了过去不能解决的社会矛盾。

（四）新制度

党的十八大之后，中国推动了重大的基础性制度的改革创新。党的十八大以来，社会治理的基础性制度创新很多，与社会重大问题直接相关的内容主要有以下几个方面。一是户籍管理方面。在户籍管理上，中国相继制定了一系列政策措施。过去广大人民群众特别关心的民生问题，与户籍挂钩的制度进行了解绑，使得城镇化中的基本公共服务均等化更好地得以实现。二是生育政策方面。允许甚至鼓励生三孩，这是在2019年第7次人口普查之后中国提出的新对策。由于人口出生率不断地降低，已经出现了明显的人口老龄化趋势，所以我们及时调整了生育政策，还对老百姓负担较重的“三座大山”——住房、医疗和教育三个主要问题，一一进行了解决。尤其是房价问题、学区房问题、医疗问题以及幼托问题等急难愁盼的具体问题，都积极地进行了解决和协调。三是土地政策方面。中国确定土地承包关系30年不变，甚至长期不变。这一条关乎农村的稳定和发展。一方面，这为中国的城镇化的灵活性奠定了基础。另一方面，为特色小镇等各种战略提供了有效的依据。四是国家安全方面。中国设立了国家安全委员会，制定了国家安全方面的相关法律和法规。这项改革有利于筑牢国家安全防线，全力护航社会安全。五是法律方面。中国重新修订了宪法和民法典。特别是民法典，涉及人民群众的方方面面，解决了过去人民群众大声疾呼的一些困难问题，也更具人性化。比如，其中规定，离婚需要有一个冷静期，还涉及“起名字跟谁姓”等问题。

我们取得的以上这些成就显示了把以人民为中心摆在最重要的位置，真正考虑了人民情感。人民想要什么，党和政府就努力做什么，这就是社会治理创新的一个重要的方向性原则。

人民群众想要什么？第一个要的就是公平。党的十八大以来，中国采取了很多维护公平的措施。比如，由于房价太高，政府提出了“房住不炒”的新理念，探索公租屋制度，加大保障房建设，这些都是为了维护房地产所得的公平性。第二个想要的是健康。

健康是 1，其他都是 0，如果没有 1，有再多的 0 都没有任何意义。所以我们及时提出了健康中国战略，坚持预防为主，并且一系列配套措施都已经出台，包括体育强国等战略，都是为了提高中国人民的身体素质。第三个想要的是方便。“把人民群众捧在手心”并不是一句空话，而是要以各式各样的平台服务群众，使群众少出钱，少出力，获得更好的生活品质。群众反映最多的是办事难的问题，政府已经提出了“最多跑一次”等有效的政务平台，现在还提出了“办不成事窗口”，就是为了解决行政服务当中的老大难问题，保证群众不再为办理行政事务而烦恼。

结合前面社会治理的三个阶段来看，中国改革开放 40 多年以来，社会治理取得了历史性的进展，前面这三个阶段的成就概括起来主要有两个核心点：一是社会治理是“平”的，即社会治理正在把每一个人在社会中的影响差别拉平，每一个人的作用都不可忽视[①]。二是社会治理是“人”的，社会治理以关注人的利益为核心，不断地满足人们对美好生活的向往。在这两个核心点下，将具体的成就概括后可表现为以下几个方面。

一是总体上结束了过去集中的社会管理体制，逐步转向了社会治理的体制，初步确立了一个在党的统一领导下，政府、社会等多元主体共同参与的社会治理格局。

二是总体上形成了一个宏观社会治理的制度，基本上形成了符合社会主义初级阶段的国家治理体系。

三是综合运用了多种手段来加强和创新社会治理。其中包括经

---

①　这个观点与托马斯·弗里德曼（Thomas Friedman）的《世界是平的》一书的观点相似。经济社会的发展，特别是在科技的支持下，每个人理解社会治理和参与社会治理的支持能力条件在网络面前总体上是相似的，社会治理就类似于一个扁平化的屏幕，每一个人在相似的条件下去阅读。所以社会治理不断地多元化的结果，实际上就是凸显了每一个人的力量。当前中国所看到的、世界看到的社会，实际上正展示一点，任何一个看似非常弱小的人，都有可能在社会治理当中掀起一场轩然大波。——作者注

济、社会和政治等各种手段，社会治理的成效明显提升。在改革开放40多年的快速发展当中，中国取得的两个奇迹之一就是保持了长期的社会稳定。特别是最近这些年，中国的严重犯罪案件发生率明显降低。这对于西方现代化发展过程中一直存在的“犯罪率和经济增长正相关的规律”而言，是一个典型的“反事实”。

四是在民生领域取得了显著的成就。中国向着共同富裕的社会方向前进，教育总体水平步入了世界中上行列，同时仍然在不断努力实现教育公平。在住房、卫生、健康等各领域，中国都取得了显著的成就。

第二节 当前中国社会治理面临的现实困境

改革开放以来，我国在社会治理方面取得了很多历史性成就，但是社会治理是伴随着改革不断前行的一项现代化工作，因此社会治理总是不断地在发现问题与解决问题的道路上交织前进。当前中国社会治理面临的现实困境可以说是纷繁复杂的，但是经过抽丝剥茧，仍然可以从社会治理的变化当中找出最突出的困难。

纵观改革开放以来的社会治理核心主线，其实就是社会转型。转型包括了两个方面：一是社会治理扁平化；二是社会治理人性化。

社会治理扁平化，意味着每个人都会尽量寻找合适的距离，发挥合适的影响。过去在社会治理不够好的地方聚集的人会流向治理“桃花源”，这就造成了人员流动[①]与社会治理相对容量的矛盾困境；社会中的每一个人都尽量利用科技、网络等手段充分维护自己的利

① 人员流动的一个基本条件就是通过市场化或者货币化的手段，而每个人在相同的条件面前，貌似公平地相处，但实际上由于每个人掌握的货币（财富）的容量是不同的，其结果往往因为货币的多少而改变社会治理的结果和效能。——作者注

益，稍有不慎，就会为民粹主义的发生创造条件，形成个人意见和集体行动相左的悖论①。

社会治理人性化，意味着要解决人的需要的多样性和趋高性的问题。世界上没有两片一样的叶子，人的需要也是一样。但是没有任何一个政府或者社会能够为所有人提供绝对匹配的能够满足其需要的社会治理条件。其结果就是一定会有人不满意，从而导致社会治理的效能打折。同样的，任何的需要都会面临着社会条件的局限性，但某些需要在现实社会条件下无法达到时，过高的需求，反而成为影响社会治理的反作用力。

表面上看起来社会治理把每个人的力量、每个人的需要都提到了足够高的位置，但实际上这两个转型当中却包含着内在的复杂曲折冲突以及外在条件的影响，从而表现为以下四大困境。

一、流动的问题：人员流动与治理容量冲突

人口流动状况在一个国家的现代化发展过程中并不是一成不变的。有时人口流动趋于增加，有时人口流动趋于减少，但是大多数人口流动方向都有一个终点，这个终点往往是城市。而城市的治理容量在特定时期往往是相对固定的，当一个人口流入较多的城市，在较短的时间内要吸收相对多的流动人口时就会发生治理容量冲突。

（一）人口流动正在加速变化

改革开放以来，市场化和城镇化的进程加快，以及相关人口流动政策的转变，促使我国流动人口大规模快速增长。2000 年，中国流动人口是 1.21 亿人，占全国人口的比重是 9.6%，低于 10%。到

① 一个人越是想把自己的意见利益最大化，在相同的意见面前，反而容易寻找最大公约数，最终可能会陷入集体行动的逻辑当中，丧失了最早使自己利益最大化的初心。——作者注

2010年时，中国流动人口占全国人口的比重是16.5%，达到了2.21亿人，相当于每6个人中就包含1个流动人口。根据第七次人口普查的结果，中国流动人口规模占全国人口的比重为26.6%，达到3.76亿人，相当每4个人中就有一人流动。在有明确流动人口记录的20年间，中国的流动人口规模增加了3.1倍，这个规模远远超过了中国人口增长的速度。

根据过去各国的发展规律，一个国家或者一个地区的流动人口占总人口的比重超过10%，就可以被认为该国或者该地区开始进入移民时代，或者称为流动时代。根据过去20年间中国的流动人口数据可以判定，中国已经进入了人口流动时代，并且处在比较高的水平上。一个相对静止的中国正在转向一个人口流动频繁的中国。

“流动中国”人口流动主要呈现出以下几个特点。

1. “单位人”向“社会人”转变。学界仍然有许多文献在引用这样一种表述，即根据相关统计，城市就业人口中“单位人”从过去占城市就业总人口的95%以上降到30%左右。但这组数据可能过时已久。根据国家统计局的相关数据，城镇就业人口的相关数据，从2000年开始到2019年，国有单位城镇就业人员和集体单位城镇就业人员的总数占城镇就业人员的比例从2000年的41.5%下降到12.7%。以此标准来衡量“单位人”在城市就业总人口的比例已经下降了12.7%，这就意味着大多数的人已经成为“社会人”。

“单位人”在社会治理当中确实存在着客观的优势。当社会治理当中遇到一些重大的社会冲突和社会矛盾的时候，由“单位人”组织下的社会治理相对快速有效，而“社会人”方面可能存在一些阻碍。

2. 人口向东南部地区集聚。根据第七次人口普查的情况来看，大量人口从西部向东南部地区（主要是东部发达地区）集聚。

2020 年，东部地区和西部地区人口占全国人口的比重分别达到 39. 93%和 27. 12%，中部地区占到了 25. 83%，东北地区占 6. 98%。这就说明到 2020 年，全国人口仍然以胡焕庸线的划分为标准。但与 2010 年相比，中部地区和东北地区人口占全国人口的比重分别下降了 0. 79%和 1. 2%。由此可见，经济社会发展水平仍然是推动人口向特定地区流动的一个重要原因。

3. 省内流动趋势加强。根据第七次人口普查的数据来看，省内流动人口比省际流动人口更多，省内流动人口占到了 2. 51 亿人，比省际流动人口多一倍。相比 2010 年，省内流动人口增加了 1. 15 亿，比省际流动人口多了 0. 74 亿。简单来说，大约 2/3 的流动人口属于省内流动人口，而这一点，是由我国经济社会发展的内因和外因两者结合引起的。从内因来看，中国在引导人口向中西部流动，推动中部崛起，西部大开发等战略取得了较好的成果，推动了区域的有效平衡发展。同时，东部发达城市由于民生资源缺失，从而采取户籍等相关政策使得外来人口流出。从外因来看，由于疫情防控，对第七次人口普查可能产生了比较大的影响，省际流动人口被迫在省内务工就业。从长远来看，这一结果可能因为疫情的基本结束而发生改变，也就是人口流动会转向以省内流动为主。

4. 城镇化质量还有待提高。按照第七次人口普查的数据来看，2020 年我国的城镇人口已有 9. 02 亿，其占到全国人口的比重达到了 63. 89%，相较于 2010 年，中国城镇人口增加了 14. 21%。与此同时，我国的城镇户籍人口从 2012 年的 35. 3%提高到了 2020 年的 45. 4%。城镇户籍人口数与常住人口数之间的差距往往意味着城镇化的质量。因为，当一个城镇无法容纳一定的劳动人口时，常住人口往往无法有效增加。

（二）城市的治理容量不足

从以上情况来看，人们已经可以辨识到流动人口可能会给城市带来一些社会治理问题。但这些问题不是由流动人口来决定的，而是由城市的治理容量来决定的。因为人口流动是由经济社会的自然趋势所决定的。

1. 治理效率的问题。在城市的就业当中，大多数非国有或非集体的“社会人”，其相对的个人身份自由而独立。其结果就是在社会治理当中，需要采取一些非强制性的手段来对这些“社会人”加以适当的管理，而这些管理往往由于没有利益直接相关，导致这些“社会人”不愿意主动参与到社会治理当中去，在社区制和其他相应制度配合下，我们虽然取得了一定的效果，但是有些居民仍然游离在这种体系之外。

2. 治理资源分布相对不足的问题。从全国范围来看，社会治理资源总体相对不足，从人口流动的角度来看，这个问题变得更加麻烦，因为大多数人因为经济发展水平差异大多向东部发达地区涌去，其结果就是不发达地区原有的社会治理资源在现实情况下更显得捉襟见肘。目前从中国城市的户籍政策可见，一般特大城市在一定程度上仍然是限制户籍人口流入的，有的采取积分制等方式选择性地吸纳人口流入。进行城镇化治理，其结果就是解决城镇背后的社会治理资源分布相对不足的问题。当大量的人口涌入时，教育、医疗等各方面资源在特定地区是严重不足的。

大量的外来流动人口为当地经济社会发展作出了贡献，但也给公共服务、社会治安、社会保障带来巨大的压力。然而更大的矛盾是，公共服务人员的编制是按照多年以前的城市人口进行核定的。在人口快速上升的情况下，却无法解决相应调整公务人员的编制问题。从中部一些地方来看，比如有一个镇的户籍人口约 9 万，但是常住人口就达到了 70 万，而实际上配备的警员不到 100 人[①]。现行世界标准一般是要达到 1000 人配备一个警察，可见与此标准相差还是比较大的。

3. 省内重点城市承压。根据相关统计，省内的人口流动主要是省内人口流向省会城市和省内其他重点城市，这些城市往往拥有较好的教育资源、卫生医疗资源等。省会城市和省内其他重点城市由于面临涌入较多的流动人口问题，其面临的社会治理压力会更大。

4. 户籍制背后的利益配套问题。城镇化质量不高的重要原因其实是户籍制背后牵扯的民生资源问题。要打破现有的城市建设格局，释放现有的民生资源以实现人口流入地的相对普惠，需要城市拿出极大的勇气。因为这意味着原有的利益格局会被打破，比如说学区房会因为学区的重新调整而引发一系列的矛盾。所以要提高城镇化的质量，可能不能只是在数量上做文章，而是要渐渐转入在质量上做文章，也就是说要解决如何普惠的问题以及实现民生服务均等化的问题。

除此以外，由于我国综合国力不断增强，许多外国人也开始流入中国，针对一些外国人的管理，特别是对非法入境的外国人的管理，也成为关于人口流入的社会治理问题。

二、如潮的民意：个人意见与和集体行动相左

中国正处在一个思想极度活跃、文化充分交融和观念充分碰撞的大时代。在这个大时代中，公民利益的表达形成了如潮的民意，表现在以下两个方面。

（一）民意需要的多样性和趋高性

人的需要存在着多元性和趋高性。一是多元性，人的需要总是

① 参见《中部崛起，城镇化短板须补齐》，《半月谈内部版》2021 年第 8 期。

多种多样的。二是趋高性，人的需要总是从低级向高级发展的。在现实社会管理中，有时会忽略多元性和趋高性问题。比如，中国改革开放到现在，出现了“端起碗来吃肉，放下碗来骂娘”的情况。实际上，政府在不断改进民生工程，不断提高人民收入。现在交通更发达，衣食住行各方面都取得了进步，为何还会出现这类不满情绪？实际上，出现这类情况的原因是人的某些需要没有得到满足。当人解决了温饱，进入了小康，实现了富裕生活之后，他的需要就要发生变化了。他不会只追求一时的满足，他还要追求多样性和趋高性的生活。比如，对于政治事务的更多参与，社会功能的更大程度参加，人们想要体现自身的价值，体现尊严，获得更好的体面。所以，针对这种多元性和趋高性，显然是人们需要满足的东西更多了。

（二）民意表达的多样性和趋高性

包括中国在内，全世界公民的利益表达和政治参与越发多样化，特别是自媒体时代来临之后，普通民众获得了更多样的表达方式，可以靠一部智能手机或者电脑，就可以轻松地打破传统媒体的新闻垄断，通过一些网络平台，信息可以实现较大的传播量。而获得众多粉丝的“网红”，往往具有传播相关信息的权威性。对于正在转型期的中国而言，自媒体的这种快速发展产生了较大的影响，主要包括以下几个方面。随着自媒体以及网络技术的普及，中国民众有了更好的、廉价的、高效的表达工具，催生出了一个相对独立的民意空间，这个民意空间甚至能与主流媒体形成舆论冲突，民众也获得了和政府进行交流的渠道，这就使得关于某一公共事件或社会治理问题的讨论更具公共性，因为这意味着更多的民众通过不断进步的自媒体技术，获得了更多的政治参与和社会治理参与机会。

民众的这些需要反映在对美好生活的需要变化上。根据经济合作与发展组织（OECD）2001年提出的美好生活指数（见表5.2），其中包括人们物质生活和生活质量的11项指标，包括住房收入、就业、社交网络、教育、环境、公民参与、健康生活、满意度、安全工作与生活平衡等。

表5.2　OECD美好生活指数体系

指标类别	指标项	指标含义及计算方法
住房	住房支出	住房支出占居民家庭可支配收入比重
	住房设施	住房内拥有冲洗厕所的人口比重
	人均房间数	人均房间数
收入	家庭可支配收入	家庭平均税后年收入
	家庭金融财富	家庭平均金融资产，总金融资产扣除债务
就业	就业保障	失去工作的几率
	个人收入	全职工作者的人均年收入
	长期失业率	15—64岁人群中处于失业状态，且持续寻找工作一年以上的人口比重
	就业率	15—64岁人群中拥有过付薪工作的人口比重
社交网络	社会支撑，网络质量	在需要帮助时有亲友可以依赖的人口比重（从盖洛普世界调查中获得数据）
教育	预计受教育年限	平均每名5岁儿童到39岁为止，预期将接受的正规教育年限
	学生技能	根据OECD国际学生能力评估项目（PISA）评价的15岁学生平均学习的能力得分
	教育普及率	25—64岁人群中拥有高中及以上学历者所占比重
环境	水质	对当地水质感到满意的人口比重
	空气污染	人口数量大于10万人的城市的年平均PM10颗粒物浓度

续表

指标类别	指标项	指标含义及计算方法
公民参与	立法过程的协商程度	描述国家法律和规章制定过程中，正式协商程序的建设水平，该指标本身也是一个合成指标，由若干反映政府决策过程公开程度透明度和协商机制的指标构成
	选民参与率	最近一次选举中，注册选民投票率
健康	自述健康状况	对个人健康状况的评价为好或很好的人口比重
	预期寿命	人均预期寿命
生活满意度	生活满意度	对生活满意度的平均自我评价由数字 0—10 表示
安全	凶杀发生率	每 10 万人中每年报告的凶杀数量
	袭击发生率	过去一年中报告受到袭击的人口比重
工作生活平衡	休闲和个人护理时间	平均每人每天花费在休闲和个人护理（包括饮食和睡眠）上的时间
	超时工作比例	平均每周工作 50 小时以上的就业人口比重

资料来源　参见诸大建主编《可持续发展与治理研究　可持续性科学的理论与方法》，同济大学出版社 2015 年版，第 57—58 页。

不过与如潮的民意相对的，却是与之相悖的集体行动。普通民众通过自媒体拥有了一定的表达个人意见的方式，但其实根据中国现有的政治体制机制，人民的公共意见表达是有正式渠道的，而且不止一种，其中包括现场信访、网上信访、市政热线和社保热线等一系列意见反馈渠道，但可惜现有官方渠道有时并不顺畅。而在行政诉讼方面，在当今法治体系底下，老百姓的法律意识和法律知识相对欠缺，并且法律援助相对不足。另外一些途径，如工会、青年团、妇联等群团组织，其宣传、教育、联谊的功能远大于民意表达、参与的职能，许多社团甚至常年没有活动，处于虚设状态。

既然现有的民意表达渠道不足以承载人民群众日益增多的多元和趋高的利益诉求，那么非理性的民意表达就很可能会被搬到台面上来。党的十八大之前出现的各类群体性事件便表明了这一点。

2007—2012年，全国各地因为民意表达而导致的群体性事件，是典型的民意表达渠道不足以承载人民群众利益诉求表达的一个表现，最后上升为老百姓的各种过激行为，对社会秩序造成了比较大的冲击。因此，从民众表达的正常渠道来看，与官方所期待的具体表达方式不同，双方很难形成有效的社会治理集体行动方式。

三、风险的社会：社会事件多发且日趋重大化

中国正在进入人的实践决定社会发展的社会。马克思曾经把人类的历史划分为三个阶段，分别是人的依赖性社会、物的依赖性社会、社会和个人全面发展的社会。当工业革命推动人类跃迁进入新的社会类型之后，文艺复兴又把人的绝对理性推到了前所未有的高度。当前的社会正不断发展、进步。在这样一个社会里，人类社会的许多成就都必须依赖于人的客观努力而存在，但同时，人的实践将决定着这个社会的风险。

在德国社会学家乌尔里希·贝克（Ulrich Beck）提出的“风险社会”理论中，各式各样的社会风险，是由于人类实践所导致的。现代社会中，人与人之间的相互关系作用是导致所有社会风险的重要源头，即风险的根源是现代社会本身，风险是内生的，它由人类的现代性决策和行为而来，并且在现代性的各种社会制度中被放大。在这样一个由人的主体性所体现出来的风险本质是很难通过客观的风险计算方法进行精确性评估的，只能通过提高现代性的反思能力才有可能解决风险的问题。

因此，在人的主体性高扬的时代，社会事件就呈现多发而且趋于重大化的趋势，这些问题主要集中在以下四个方面。

（一）群体间差异导致风险

不同群体之间的收入分配差距会导致一定的社会风险。中国在

收入差距方面，中国的基尼系数和高低收入比都处在较高位置，但自党的十八大以来，由于扶贫的原因，收入差距有所缩小。依据国家统计局公布的数据来看，中国的基尼系数在 2008 年时，曾经一度达到的最高峰值是 0. 491，后来大体维持在 0. 46—0. 47。从相对 5 等分的高低收入水平比来看，2013 年到 2020 年，高低收入水平比的均值大约为 10. 64。近年来财富差距相比收入差距要更加显著。社会治理中存在财富差距与积累效应（成熟效应或者复利效应）。财富差距往往因这些效应而比收入差距表现的变化更为明显。中国财富基尼系数从 2000 年的 0. 599 持续上升至 2015 年的 0. 711，随后有所缓和，降至 2019 年的 0. 697，但 2020 年新型冠状病毒感染疫情冲击下再度上升至 0. 704。2020 年中国财富排名前 1%的居民占总财富的比例升至 30. 6%。也就是说从财富角度来看，不公平程度要显著高于收入的激励系数，与此指标可以相呼应的是，2020 年中国财富排名前 1%的居民占总财富比例升至 30. 6%[①]。这种收入和财富差距的拉大，使得社会群体之间“跨群转型”显得更难。

（二）城乡之间、地区之间、行业之间的差距导致群体矛盾

城乡之间、地区之间、行业之间的差距长期存在。根据国家统计局的数据显示，2020 年城乡居民收入差距相对于 2019 年的 2. 64 ∶1 缩小到 2. 56 ∶1。但这种数据上的缩小并不能改变城市和农村之间的落差。地区之间，东部与西部之间的差距仍然没有从本质上发生改变。行业之间的收入分配问题也相对明显，信息和技术类的工资相对较高，而农林牧渔等行业的工资则相对较低，此外，非私营企业与私营企业之间行业收入的分化变得更大。

---

① 参见泽平宏观 2020 年 8 月 19 日发布的文章——《中国收入分配报告 2021：现状与国际比较》。

（三）劳资之间关系矛盾增加

随着单位制的解体，社会中的劳动力往往趋于“原子化”，劳动外包成了考验资本方与劳工方的关键问题。由于不同的劳动者可以在相应的环境下被替代，因此越来越多的资本方在考虑雇佣劳动力时采取相对灵活的方式。目前出现的共享经济所体现出来的“零工雇员权利”问题就是一个典型的问题。劳动方的权利越来越难获得，劳动力成为像机器一样可以被替换的零件，其权利越发难以得到保障。

（四）治理主体间的必然矛盾

治理者与被治理者之间存在一定的矛盾。尽管党的十八大之后，治理者与被治理者之间的矛盾有所缓解，人民对于政府工作有了更多的理解，对于社会主义制度有了更多的自信。但由于科层制的存在以及官员“锦标赛”的体制难以得到根本改变，为了完成上级派下的任务，可能会出现治理者采取强制性的措施的情况，从而可能会忽视一部分被治理者的应有权利。

因此，在风险社会中，通过创新社会治理，从而建立起一套有序的大众愿意参与的社会运行秩序，已经成为特别重要的议题。而这些议题正是对一系列社会问题多发且日趋重大化所倒逼出来的。

四、沉默的条款：社会体制落后于社会治理

在现实的社会治理困境当中，最后一个重大的困境，实际上是传统体制转型当中无法摆脱惯性的影响，其中存在的一些突出表现包括以下几个方面。

（一）治理观念仍然没有发生根本转变

表面上来看，社会治理呼吁治理者摆正自身的位置，向多元社

会治理转变，但实际上部分治理者在履行社会治理职能的时候，其价值取向并不是完全从“公民的本位或社会的本位”角度出发，而是仍然掉入“官本位和政府本位”的窠臼当中。在这样一种情况下，治理者在思考社会治理的方法和效果时往往基于社会如何趋于稳定和保障，现有的计划如何得到实现，而不是真正考虑人民群众如何能够接受，如何能达到社会最大的共享效益。

（二）经济增长这手抓得比较硬，社会发展这手抓得比较软

改革开放以来，我国进入高速发展阶段，在这个过程中，一些地方出现了“唯GDP（国内生产总值）”、片面追求经济增长问题。以至于在过去几十年的经济社会发展当中，经济增长这只手抓得比较硬，各项经济社会工作都为经济增长服务，而社会发展往往滞后于经济发展。社科院社会学所曾在2010年发布报告指出，经分析对比，世界上一些国家人均GDP在4000美元左右时的社会结构，包括就业结构、分配结构、消费结构、城乡结构、区域结构、社会组织结构以及社会阶层结构等，中国的社会结构滞后于经济结构15年以上。① 从当前的调研情况来看，一些治理者在民生方面的工程，比如养老工程，教育工程，卫生工程，以及与文明实践等相关的工程和基础设施时，除非是为了完成上级交给的任务，否则对于这类社会建设方面的工作采取一种应付了事的态度。

（三）政府职能转变迟缓

由于“放管服”等各种政策的不断推进，政府治理改革取得了很大的突破，政府职能也有了很大的转变，特别是政府官员的服务意识有了很大的提高。但是从政府服务的角度来看，服务型政府的

---

① 参见第一财经时报编辑部《中国与世界大走向 全球思想领袖百人谈》，中国经济出版社2011年版，第40页。

建设仍然存在着许多改革痛点。从中央级别要求实现的房地产联网，到异地就医的医保统筹制度的全国漫游等各种情况来看，仍然没有办法达到预想效果。部分地方推行“一网通办”时，部门之间的数据仍然没有办法及时打通。

（四）社会组织的发育不够健全

根据中国社会组织网的数据显示，截至2021年1月20日，中国社会组织的登记总数已经达到了90万家以上，其中在民政部门登记的社会组织达到了2292家。这个增长势头是从2012年以来持续增长的。在这些社会组织当中，成立了超过10年以上的社会组织，只有24万家，而5年到10年的有30万家，其中大多数社会组织都是新近成立的。在成立的社会组织当中，可以看到江苏、广东和浙江的社会组织数量最多位列前三名，但是没有一个省份能够突破10万家。而其余的各省社会组织发展相对不均衡，其中超过3万家的只有12个省份，包括广东、浙江、江苏、山东、河南、四川、湖南、湖北、福建、安徽、河北、广西。

社会组织存在的最大问题主要包括以下几个方面。一是社会组织的行政色彩依然相对较为浓厚，绝大多数社会组织往往以官办或者官营作为主导方式。二是社会组织的结构不够合理。互助性的经济组织，比如行业协会和商会发展得比较快，但是公益性的社会组织如基金会、民办的非企业单位等发展相对较慢。三是覆盖社会组织的法律体系仍在不断地健全当中。社会组织法律法规体系不健全，目前还没有一部社会组织法来规范和保护社会组织的活动。近年来，随着各种社会组织和社会团体快速发展，违反《社会团体登记管理条例》的事件在媒体上时有曝光。

总的来看，以上几种社会治理的主要困境的本质是“中等收入陷阱”的呈现。厉以宁曾提出中国在发展过程中，要避免掉入“中等收入陷阱”，而“中等收入陷阱”实际上包括了“三座大山”，它们分别是：第一，“发展的制度陷阱”；第二，“社会危机陷阱”；第三，“技术陷阱”。对发展中国家而言，“中等收入陷阱”重点会表现为就业和财政如何实现比例协调并发挥合理作用的问题。

对于发展中国家而言，涉及人的问题，特别是就业的压力是始终存在的。当经济发展到一定程度之后，农村的各种劳动力会纷纷走出农村向外寻找工作。因为农村已经无法承载过剩的劳动力，而更早离开农村的人在城镇中找到工作，从而形成示范效应，吸引更多的农村劳动力流向城市。所以，就业就成为城市化过程中不得不面临的巨大问题。这些问题会呈现为人口流动的困难，也会呈现为人口流动之后不同的人对利益的诉求的汹涌民意。同时，就业问题还会导致不同群体之间的差距不断地扩大，并且现有的制度体制无法及时有效地调解社会矛盾。

关于财政方面，由于一国的投资需求不断地加大，财政支出不断地增长，通常会存在需求拉动型的通货膨胀。而各种原材料和土地的供应会发生相应的上涨，又会产生成本推进型的通货膨胀。在全球化的过程中，不同的产业链和供给链互相交织，使得商品的流通和资本的流通都出现了国际型的通货膨胀相互交织。

所以，归根结底，整个社会治理的现实困境，核心其实还是发展的问题。

第三节　中国社会治理过程中形成的宝贵经验

改革开放 40 多年以来，我国经济、社会各方面都取得了举世瞩目的成就。中国在社会治理方面也进行了前所未有的探索，积累了宝贵丰富的经验，在不断加强和创新社会治理当中，走出了一条中国特色的社会主义治理之路。在开展经济、政治、文化等各领域工作的同时，不断地激发社会活力，使得整个社会大局保持总体稳定，实现了经济发展长期向好和社会稳定同步发展的良好局面。以中国特色社会主义治理之路作为基本标志，形成了三大宝贵经验，这些宝贵经验从本质上看，就是共同体建构的结果。

一、把方向：坚持党对社会治理工作的领导

在推进中国特色社会主义社会治理的过程当中，始终坚持党对社会治理工作的绝对领导，保证了社会治理工作始终坚定走在中国特色社会主义方向上。西方较早实现了现代化，拥有强大的硬实力，以及一套相对比较完整的软实力话语体系，更有现代媒介为西方发声。西方治理当中，政党的领导被塑造成“普世价值”，很多西方学者、政客，乃至于普通的群众，把中国共产党对于社会治理的领导看成中国社会治理的一个败笔，认为不按照市场化的逻辑来，不实行西方的多党制就无法实现有效的社会治理。在这样一个话语体系当中，“中国特色”似乎变成了中国的问题，而中国的优势就变成了中国的短板。在前文所述社会治理方面取得的伟大成就和存在问题当中，正是因为有中国共产党的正确领导，才使得中国取得了今天的伟大成就，也解决了这些棘手的现实困境问题。

中国共产党对社会治理工作把方向主要体现在以下四个方面。

（一）追求共同价值观

中国共产党能够有效领导社会治理的根本原因在于把握了社会治理当中的价值方向，当党和人民的价值是相同的、相通时，党和人民才可能走在一起，共同走向“善”的社会治理。

在所有的社会治理方式当中，首要的价值是正义。美国政治哲

学家约翰·罗尔斯（John Rawls）在《正义论》（*A Theory of Justice*）中说："正义是社会制度的首要价值。"[①] 这就是社会治理当中预设的最基本的价值立场。人们需要治理者回答社会治理"为了谁""依靠谁"和"怎么样"的三大问题。只有政党真正代表人民利益，那么人民才会选择这个政党，支持并接受其领导的社会治理。在西方代议制的民主下的西方政党，往往只会回答"为了谁"的问题。在选举当中，政党往往只是对多元化和民粹化的社会进行一个价值整合，哪个群体选票多，就将代表该群体的价值。这样选举上台的政党，又会根据自身所代表的利益集团来回答"依靠谁"和"怎么样"的问题。所以在西方代议制的民主下，西方政党可能在选举时所陈述的纲领是为了广大人民群众实现社会的正义。但是当其获得了执政权之后，执政党的施政纲领便会转向为其提供政治现金者服务又会转回该政党的利益生成点。中国共产党的政党特性决定了她在"为了谁""依靠谁"和"怎么样"三大问题上，价值观是始终统一的，人民所追求的正义问题，在这三大问题上都是一致的。由此可见，中国共产党所引领的价值，是代表了广大人民群众的价值，其引领的社会治理才能够取得更好的效果。

（二）坚持理论导向

改革开放 40 多年以来，中国特色社会主义社会治理的每一次进展都是解放思想、实事求是的结果，也是马克思主义基本原理不断地实现中国化时代化的一个结果。

中国特色社会主义社会治理的思想方向并不是盲目确定的。一方面，中国共产党始终坚持用马克思主义来指导中国的一切实践，这是保证思想方向始终走向社会主义、走向共产主义的最根本

---

① ［美］约翰·罗尔斯：《正义论》，何怀宏等译，中国社会科学出版社 1988 年版，第 1 页。

的思想保证。在社会主义和共产主义所描述的未来人类世界当中，有一个人人都得以解放的美好未来，每一个人向着自由联合体的光辉目标不断地前进，人们都相信中国有一个美好的未来。另一方面，中国的思想方向与人类文明成果同向，因为中国拥有一个优秀的执政团队。这些团队成员往往是从长期的基层历练当中和层层选拔当中培养出来的。他们对于世情、国情、党情和民情都有深刻的了解，而且每一层级的干部不断地参加学习培训，这些学习内容包括了马克思主义理论、经济、政治、社会和文化等一系列的人类先进文明成果。

由此看来，中国社会治理的加强和创新，是沿着社会主义的基本原理指明的方向和不断发展的人类文明成果两者的结合体。

（三）采取组织支撑

纵观中国共产党领导中国进行革命、建设和改革的伟大历程，组织力是共产党人最神奇也是最神秘的武器。正是因为中国共产党善于自我组织，并采取各种办法发动群众，号召群众，把群众组织起来，充分发挥群众的组织能力，才形成了组织严密的坚强组织体系。回顾几代主要领导人的重点论述，他们都会提到一个关键词：团结。团结是中国共产党最主要的组织方向。

1943 年，毛泽东在《组织起来》这篇讲话当中，对边区取得发展的原因进行概括时，特别强调了把组织起来的重要性，他说："只要我们全体英勇善战的八路军新四军，人人个个不但会打仗，会作群众工作，又会生产，我们就不怕任何困难，就会是孟夫子说过的：'无敌于天下。'"① 邓小平也曾指出："我们这么大一个国家，怎样才能团结起来、组织起来呢？一靠理想，二靠纪律。组织起来就有

---

① 《毛泽东选集》（第三卷），人民出版社 1991 年版，第 929 页。

力量。”[1] 习近平总书记也曾强调：“我们党是按照马克思主义建党原则建立起来的，形成了包括党的中央组织、地方组织、基层组织在内的严密组织体系。这是世界上任何其他政党都不具有的强大优势。”[2] 哪怕是海外关于中国共产党研究的学者，也一致认为中国共产党具有严密的组织性、严肃的组织纪律和高度组织化的特点。中国共产党取得革命胜利的三大法宝，都是建立在严密的组织体系和强大的组织能力基础上的。

中国共产党建立了科学的现代科层制，形成了从中央到地方、从现实到虚拟的多重组织体系。回顾党的历史会发现，中国共产党建立的严密的组织体系，并不是从天而降的，而是在曾经丰富的斗争经历当中建立健全起来的。党的一大之所以能够顺利召开，很重要的原因就是当时上海租界之间当权者没有形成强大的组织力，使得中国共产党具有了生存的空间。国民党在执政期间并没有想着把群众调动起来，而是依然采取过去传统的乡村管理体制，其结果就是当中国社会面临重大现实问题时，各个地方就变成一盘散沙，各行其是，无法凝聚起战斗力。

回顾历史，自 1840 年 6 月第一次鸦片战争爆发，不到一年的光景，英国远征军已经相继攻克定海、厦门、虎门、镇海、宁波、余姚诸地，奕山率领的 80 万清军遭遇 7000 英军，宛如土鸡瓦犬，不堪一击，清政府被迫签订《广州和约》。但是，经过三年多艰苦卓绝的抗美援朝战争，“联合国军”总司令美国上将克拉克在签字时哀叹，“我是美国历史上第一个在没有取得胜利的停战协议上签字的将军”，无可奈何地承认了美国的失败。[3] 历史证明，一旦中国共产党

---

① 《邓小平文选》(第三卷)，人民出版社 1993 年版，第 111 页。
② 习近平：《在全国组织工作会议上的讲话》，人民出版社 2018 年版，第 12 页。
③ 参见《中国人民解放军通鉴（1927—1996）》，甘肃人民出版社 1997 年版，第 1630 页。

把广大人民群众组织起来，那么就会摆脱一盘散沙的局面，形成史无前例的强大战斗力。

现代社会当中，许多国家其实也有很多政治精英，但是这些国家的政党却没有具备类似于中国共产党的组织能力。比如，非洲一些国家由于没有一个强大的政党组织系统能把人民组织起来，缺乏组织和动员社会的能力，很难形成对于社会的有效治理和改造。西方国家当中的一些政党，其主要功能在于选举和随着自由化的不断泛滥，政党的组织功能大打折扣。人们无法被组织起来，当然就无法集体共同面对重大社会突发事件。

从 2019 年年底发生的新型冠状病毒感染疫情来看，西方一些国家的政府无法有效应对这次突发事件，导致民众怨声载道。而中国共产党的强大组织能力，让党从中央到地方做到了统一号令，每一个党员都被积极地发动起来，引导和调动群众，形成了全社会的共同合力。有些世界卫生组织的专家惊呼，中国的“抗疫”模式无法复制。

（四）确保执行到位

社会治理中其实有很多好的设想和构思，但是依然存在落实难的问题。中国共产党对于社会治理所起到的最重要的作用，就是确保党的自我控制能力、自我实施能力和自我监督能力。

中国共产党组织实施社会治理的落实能力，始终不是抽象的。一方面，通过一个个先进的中国共产党员来进行落实；另一方面，中国有良好的制度体系作为保障。在依靠人来落实社会治理方面，最优的原则是党管干部原则，正是因为党管干部，中国共产党才拥有了强大的执行力。毛泽东在 1938 年指出：“政治路线确定之后，干部就是决定的因素。”① 非常庆幸的是，中国共产党经过了严格的干部选拔，在思想政治专业实践中形成了一支纪律严明的干部队伍，各个层级的干部都围绕着中央的决策，协调同步地确保政策方针落实到位。尽管当前基层当中也存在着一些干部对于社会治理政策上不理解，但难能可贵的是，基层干部不打折扣地执行了中央的政策。

在制度方面，党的十九届四中全会后，中国特色社会主义制度形成了相对完整的图谱，确立了坚持和完善党的领导体制，将其放在国家治理体系的首要位置，进而再次把党推动制度建设推到更高的水平。不断地提高制度的执行力，是中国共产党制度建设的关键，正是通过制度的权威性，抓住了领导干部这个关键少数，保证了“党管干部”的真正落实。

二、定目标：坚持以人民的需要为中心

人民群众是历史的创造者，人民群众是真正的英雄，要解决社会治理的问题，最关键的就是要定一个以人民为中心的目标。改革开放 40 多年以来，中国共产党领导中国人民取得社会治理的一系列成就，克服一系列困难，其关键就在于始终坚持以人民的需要为中心。坚持以人民的需要为中心，实现社会治理的最优化。这个经验可以从以下三个层面来理解。

（一）一切为了人民

中国共产党始终代表最广大人民群众的根本利益，因此能够坚持在一切社会治理活动中，始终以人民是否满意、是否高兴、是否赞成作为最重要的衡量标准。其结果是，人民对中国共产党领导下

① 《毛泽东选集》（第二卷），人民出版社 1991 年版，第 526 页。

的社会治理也感到十分满意。根据哈佛大学肯尼迪学院阿什民主治理与创新中心（Ash Center for Democratic Governance and Innovation）连续办了13年的调查研究，其中一个报告是2020年7月发布的《理解中国共产党韧性：中国民意长期调查》。该报告显示，中国人民对于中国政府的满意度高达93%，远超其他国家。

这份由肯尼迪学院三名专家共同合作、长达18页的报告，是三名专家从2003年到2016年，在中国进行8次调查后得出的结果，这三名专家通过各种方式与超过了3.1万名的中国城乡居民进行了面对面的谈话，并且追踪了中国居民在不同时期对于各级政府所表现出来的满意程度。

报告提及，从2003年到2016年，中国民众对中央到乡镇四级政府的满意度都有不同程度的提高。到2016年，中国人民对于中央政府的满意度高达93.1%，对其他三级政府的民众满意度也都超过70%，分别是省一级81.7%，市县一级73.9%和乡镇一级70.2%。从满意度的提高水平来看，乡镇政府的民众满意度提高最为明显，从2003年的43.6%提升到70.2%。这就说明各级政府进行的社会治理符合人民的需要，基层政府经过长期努力，取得了很大的成就。

表5.3　各级政府整体满意度（2003—2016年）

（%）

各级政府 \ 年份	2003	2004	2005	2007	2009	2011	2016
中央政府	86.1	82.1	80.5	92.3	95.9	91.8	93.1
省级政府	75	77	75.4	85.5	89.2	83.6	81.7
市县政府	52	62.3	61.3	74.8	71.8	62.8	73.9
乡镇政府	43.6	55.9	55.7	60.7	61.8	54.8	70.2

资料来源　哈佛大学肯尼迪学院阿什民主治理与创新中心的《理解中国共产党韧性：中国民意长期调查》。

民众对于地方政府的官员印象也产生了积极的认同。从 2003 年到 2016 年，受访民众认为地方官员表现友善的数值从 39.1%上升到 74.3%，而且认为地方官员较有学识的比例在 2016 年也达到了 75.7%。相对过去而言，已经有越来越少的民众提出“地方政府干部只说不做，嫌贫爱富”一类的观点。

在同一个报告中，客观的社会治理福利提升更是从侧面真正反映了以人民为中心的目标。从 2006 年到 2011 年，受访者表示医疗保险的覆盖面从 43%提高到了 95%，同时中国农村参加农保的比例从 32%上升到 82.8%，基本养老金也从 2005 年的 36.8%上升到 2011 年的 71.3%，极大地扩展了基本养老金的覆盖面。在反腐和环境保护问题上，人们更加倾向于认为事情正朝着更好的方向发展。

（二）一切依靠人民

社会是人民的社会，所以搞好社会治理应该“人人有责、人人尽责”。

在人人有责方面，中国共产党历来高度重视人民群众在国家治理和社会治理当中的主要作用，并且始终强调人民群众是历史的创造者和真正的英雄。回顾中国共产党从建立、发展到壮大的历史，有一条很成功的经验，便是始终坚持把人民群众作为智慧和力量的来源。习近平总书记指出：“一个国家选择什么样的治理体系，是由这个国家的历史传承、文化传统、经济社会发展水平决定的，是由这个国家的人民决定的。”[①] 这就是说每一个人都应该在社会治理当中发挥积极的作用。

回顾改革开放以来中国特色社会主义治理，其最成功的一条经验实际上就是形成了一个有效的社会治理共同体。社会治理共同体

---

① 中共中央文献研究室编：《习近平关于全面深化改革论述摘编》，中央文献出版社 2014 年版，第 21 页。

是一种新型关系的组合，是改革开放后实现了现代化，把人的物理性和情感性进行叠加的先行“分工-合作”机制。每个人处在社会不同的行业和机构当中，虽然更多的人从单位制中剥离出来，但是，每个人不断追求自身利益的多元性和趋高性，这便要求人们寻找社会利益的最大公约数。

在一个社会中，每一个人都有责任去维护好、发展好、落实好与个人利益相关的合作机制。在人人有责方面，“枫桥经验”是中国基层社会治理的一个重要案例。改革开放之后，“枫桥经验”的工作着力点从原来有效处理“四类分子”转移到依靠群众来维护社会治安，从而创造经济建设快速发展的社会条件。枫桥镇发动每一位居民成立治保会、联防队、消防队和人口协管员四个群众性治安队伍。同时，还推行“五个依靠”：一是依靠群众就地化解民事纠纷；二是依靠群众就地挽救违法人员；三是依靠群众加强公共复杂场所管理；四是依靠群众强化企业内部防范；五是依靠群众侦破刑事案件。最终成功创造了社会稳定和谐的局面。

在人人尽责方面，充分地利用一切社会治理机制，发挥人民参与社会治理的主动性。在抗击新冠肺炎疫情的过程当中，社会治理的重心真正落实到了基层和社区，正是因为发挥了广大居民的主动性，才真正构筑起了全民防御的铜墙铁壁。在这一方面，人民群众在应对社会治理以及相关风险当中是有幽默感的，但更是有效的。比如，劝诫别人戴口罩的标语就五花八门，让人印象深刻：“以前蒙面像坏人，现戴口罩好邻居。”“要听晚辈好言劝，不戴口罩万人嫌。”“神仙也要戴口罩，疫情不是开玩笑。”正是有了人人尽责的参与社会风险的治理，才有了中国成功“抗疫”的世界经验。

（三）一切由人民共享

党的十八届五中全会提出的共享发展理念，其内涵主要有四个方面：一是共享是全民共享；二是共享是全面共享；三是共享是共建共享；四是共享是渐进共享。在社会主义中国，全民共享主要表现为人民共享。因此，一切由人民共享是社会发展的重要目标。

以下这组数据就很能说明一切由人民共享的中国经验。根据生态环境部部长黄润秋在2021年8月18日举行的国新办新闻发布会上的发言可知，到2020年底，农村社会治理中，关于环境治理的攻坚战确定的8项主要指标和22项重点指标顺利完成，在“十三五”期间15万个行政村都进行了农村的环境治理，超额完成了“十三五”制定的指标。其中比较典型的是行政村的生活垃圾处置体系，其完成率达到了90%以上。全国18个省份实现了农村饮用水卫生监测在乡镇级别的全覆盖。由此就不难想象，农村居民对于社会治理由人民共享这一理念的认可度。

此外，国家医保局于2021年6月8日公布的《2020年全国医疗保障事业发展统计公报》的数据显示，2020年全国基本医疗保险参保人数136131万人，参保率稳定在95%以上。

中国坚持把一切的发展成果由人民共享。但西方资本主义国家却把许多资源私有化，并认为现代化过程中只有绝对的市场化才能真正地分配好社会资源。这样的观点实际上在中国也大有拥趸。理论上，市场能有效调节资源是从亚当·斯密（Adam Smith）的《国富论》（*An Inquiry into the Nature and Causes of the Wealth of Nations*）里面引申的，每一个人只需要关心和追求自己的利益，在追求个体福利的过程中会有一只看不见的手，使个体的努力创造出国家财富。

多年来，学界一直在努力解释“看不见的手”的背后机理，其中涉及亚当·斯密的另一本书——《道德情操论》（*The Theory of Moral Sentiments*）。《道德情操论》在《国富论》发表之前的17年就发表了。亚当·斯密在《道德情操论》中说明了为什么“看不见的手”能在市场手段之下对社会产生共享作用。因为人不只是自私的人，还有同情心，有一种设身处地地理解他人痛苦和幸福的能力。类似于孟子所讲的同理心，同情心。正是因为人有同情心，才有“老吾老，以及人之老；幼吾幼，以及人之幼”的行动。

不过，大多数人的同情心与人际间的距离是成反比的。历史与现实反复告诉我们，人的同情心是随着人与人之间的距离不断扩大而急剧减少的，人们更容易对身边的人产生同情心，但对遥远世界的灾难视而不见。

在改革开放和社会主义现代化建设的过程中，人和人之间的距离是拉大还是缩小了？实际上是拉大了。城市的居住小区模式把人和人分隔成了很多的单元，原来抬头不见低头见的生活氛围几乎消失殆尽，这就成了现代化过程中社会原子化的一个结果。如果人们之间因为这样的时间和空间的区隔变得越来越冷漠，那么社会的发展成果很有可能只会由社会的“精英阶层”所掌握。中国的社会治理强调人人共享，实际上就是在现有的社会原子化的过程当中，增加了一个由人性主导的共享机制，其实就是把人的同情心拉出了现有的时空间隔之外。简单来说，就是当个人的同情心减少的时候，由社会治理体制所要求的同情心要展现出来，这才会使得整个社会的稳定局面更加稳固。

三、讲实际：坚持立足中国国情谋治理

中国目前最大的实际是仍处在社会主义初级阶段。初级阶段意味着中国的生产力水平还没有达到极高的水平，还不能无条件地满足人民各方面多样性和趋高性的需要。所以，立足于社会主义初级阶段，要求政府尽最大可能地在经济稳定发展的前提之下保证社会治理的公平性，保证共同富裕的实现。立足国情讲实际，这就需要

讲三个方面的实际。

（一）确保治理中社会主义不变色

从社会主义初级阶段的最大实际来看，“社会主义”是最重要的关键词，人民在历史的洪流中选择了社会主义。

从根本上来说，社会治理和经济治理、政治治理等其他的国家治理是一样的，都是为了使得社会主义制度实现自我完善和自我发展，而不是对社会主义进行改弦更张。在社会治理当中，中国既不能走封闭僵化的老路，也不能走改旗易帜的邪路。

早期的马克思主义者缺少社会主义社会治理的经验，只在巴黎公社这个仅存了72天的政权当中，获得短暂的建设经验。所以关于社会主义社会建立之后如何进行社会治理，马克思等经典作家并未给出系统阐述。在列宁领导的苏联社会主义现代化建设当中，虽然对于国家如何进行治理形成了一些重要思想，但后来者教条式地理解马克思主义，最终形成了高度集权式的社会治理。中国共产党结合中国国情走出了一条治国理政的新路，创造了一个与历史上其他社会主义国家治理方式不同的新模式。

要使一块布不染色，最好的办法就是把容易掉色的其他布分开洗涤。但是中国当前面临的最大困难，其实就是社会治理当中存在着不同颜色的“布”，这些颜色的“布”还非常容易掉色。这些“布”代表着社会治理当中不同主体的利益诉求，而这些利益诉求容易受到外部各种因素的影响和冲击。所以在中国特色社会主义治理当中，特别强调社会主义初级阶段的基本路线，其中一条就是坚持四项基本原则。通过坚持四项基本原则，可以确保中国特色社会主义属性在社会治理当中不变色。四项基本原则能把社会主义这块“布”与其他容易掉色的“布”进行明确的区分，而不是混杂在一起笼统地洗涤。

（二）确保治理中公平正义不变质

中国特色社会主义社会治理最大的特点就是确保公平正义不变质。中国共产党自成立那天起就宣告共产党人没有自己的私利，反对任何的特权。几千年前，柏拉图描写的“理想国”中曾提到公权者应该没有任何的私利。但是，这种高尚的公平正义思想在几千年以来没有真正实现过，直到社会主义中国的出现才扭转了这个局面。当马克思主义宣告其使命是解放全人类，建立起自由人联合体之时，意味着人和人之间的社会差别要彻底被消除。社会差别的消除就是社会中公平正义的确保。

以毛泽东为主要代表的老一辈革命家，充分体现了中国共产党人没有自己的特权，以身作则地确保社会治理中公平正义不变质。毛泽东在1951年12月11日给毛泽连、毛远悌的信中写道：“慰生六婶及泽连均不要来京，也不宜在长沙住得太久，诊病完了即回韶山为好。现在人民政府决定精简节约，强调反对浪费，故不要来京，也不要在长沙住得太久。”[①]。新中国成立之后，杨开慧的哥哥杨开智曾经写信给毛泽东，希望能够在北京给他安排工作，结果遭到了毛泽东的拒绝。毛泽东当时告诉湖南省委第一书记王首道说：“杨开智等不要来京，在湘按其能力分配适当工作，任何无理要求不应允许。”[②] 毛泽东还专门写信给杨开智：“希望你在湘听候中共湖南省委分配合乎你能力的工作，不要有任何奢望，不要来京。湖南省委派你什么工作就做什么工作，一切按正常规矩办理，不要使政府为难。”[③] 从毛泽东的家书中可以看出老一辈共产党人不搞特权的生动写照。

---

① 《毛泽东书信选集》，人民出版社1983年版，第425页。

② 《毛泽东书信选集》，人民出版社1983年版，第342页。

③ 《毛泽东书信选集》，人民出版社1983年版，第343页。

须知，中国共产党人一直提倡的是，要在全社会牢固树立宪法法律权威，弘扬宪法精神，任何组织和个人都必须在宪法法律范围内活动，都不得有超越宪法法律的特权。这从法律的角度再次确认了中国特色社会主义社会治理的公平和正义属性。

如果与西方各国比较，会发现一些国家存在着种族歧视、移民冲突、极端宗教势力等情况。其背后是不同阶层、不同群体之间的利益矛盾。不同阶层、不同群体会因为自身所代表的利益不同，表现出公平正义差异。代表资产阶级利益的团体获得了社会中绝大多数的资源。2020 年 3 月 18 日的《纽约时报》曾报道，美国新型冠状病毒感染疫情期间，富人和名人更加容易优先接种检测，许多影视精英（比如明星经纪人等名人）可以快速电话预约门诊医生，也更容易获得私人诊所的就诊机会。这篇文章发出来之后，在 2020 年 3 月 18 日白宫记者会上，有记者提问当时的总统特朗普，为什么普通人排队都无法得到的检测，那些无症状的富人却可以得到更多更容易的检测？特朗普只是回应道，也许这就是人生。这种情况确实会发生。

但在中国，人人都可以得到免费的检测服务，享受免费的治疗。中国共产党甚至宣布把我国研制的疫苗作为全世界的公共产品，这一切充分说明了中国特色社会主义治理所呈现出来的公平和正义属性。中国的治理不会因为你是高收入者或低收入者而有所差别。中国的治理不会因为你的工作性质不同而有所区别。中国的治理甚至跨越国别，超越种族，体现了马克思当年所呼吁的解放全人类的目的。

（三）确保治理中共同富裕不变心

改革开放以来，中国始终沿着中国特色社会主义道路前进，希望实现共同富裕。但客观地看，中国人口在加速流动，私有企业明显多元化，社会组织不断增加，社会治理过程当中出现了一些问题。这就要求中国要根据不同的阶层、不同的群体进行相应的社会治理，保证社会全体成员共享社会资源。

为什么人们相信中国共产党会带领人民真正地实现共同富裕？我们可以看一下浙江共同富裕示范区的情况，浙江连续 20 年城市收入全国第一，农村收入连续 36 年全国第一，城乡的人均收入均明显提高①。同时浙江坚持要让一部分人先富起来，在浙江各类人才都得到了充分的鼓励。比如，可以凭全国金牌导游身份拿到杭州市 D 类人才的待遇，快递小哥可以拿到相应的人才等级评定。

如果一个社会不是追求绝大多数人真正共享社会财富，那么社会运行和发展中一定会存在着相当大的阻力。中国共产党为什么能够在过去几十年当中取得社会治理的伟大成就？其解决社会治理当中存在的困境很重要的一条，就是确保治理当中坚持共同富裕目标不变。每一个人实实在在地拿到了社会发展当中不同的财富。不同的人才经过自己的努力还可以获得更多来自社会的奖励。没有差别的资源分配，当然无法激励社会治理当中各种主体的积极性。所以，中国要允许市场化的手段来把社会治理的资源进行优化配置。但是，中国仍然要强调社会主义制度下要讲公平正义，最终使得绝大多数人公平正义地真正享有人们共同创造的社会财富。

---

①　根据浙江省统计局的数据，浙江城镇、农村居民人均可支配收入分别由 1978 年的 332 元和 165 元增至 2020 年的 62699 元和 31930 元，分别连续 20 年和 36 年居全国各省区第一。2013—2020 年，浙江居民人均可支配收入年均实际增长 6.3%，其中城镇、农村居民人均可支配收入年均分别实际增长 5.8% 和 6.8%，城乡收入倍差连续 8 年缩小，到 2020 年降至 1.96，远小于全国平均水平 2.56。——作者注

结　语

党的十八大以来，中国共产党以巨大的政治智慧和政治勇气实现了社会管理向社会治理的转向，取得了令世人瞩目的伟大成就和宝贵经验。社会治理之所以在新时代绽放光芒，其中一个重要的逻辑在于共同体的建构。

从理论视角来看，中国社会治理理论吸收了马克思主义和中华优秀传统文化等精华，形成了一种具有中国特色的社会治理共同体理论。这种理论擅于从人类一般文明的成果入手，结合中国实际，开创了社会治理的新思路。

从历史视角来看，要理解中国社会治理的逻辑，离不开中华民族几千年来社会管理的历史性回溯。中华民族的社会管理史，是一段社会主体自治式合作到主动性管理，再到改革转型，勾勒了一条社会管理不断引入社会主体、逐步建构共同体的历史路径，这是社会治理得以呈现的历史依据。

从实践视角来看，社会治理的共同体逻辑以共建、共治、共享三大原则规范运行。“共”字描绘了多种社会主体的“异质性”趋向于“同质性”的过程，不同的利益、价值和组织行为由此得以协同。

以上的逻辑都是社会治理共同体的内部支持逻辑，它是社会治理共同体自身的运行逻辑。但是，除了社会治理共同体的内部支持逻辑外，共同体还在社会更大范围中拓展。其表现为更多社会主体被引入社会治理共同体，使得原有共同体的体量和范围都得以扩大，同时其运行的效率更高，这是社会治理创新发展的必然表现，也是社会治理共同体的外部协同逻辑。

基于社会治理的共同体建构逻辑，改革开放以来的社会管理和社会治理取得了历史性成就，应该看到社会管理与社会治理的一脉相承，还应该看到两者不能相互否定，不能脱离社会管理去谈社会治理的成就。尽管社会管理和社会治理还存在一定共同体建构的缺憾，但在社会治理的成就面前瑕不掩瑜。更为重要的是，社会治理取得了成就，都可以从共同体建构的角度得以解释。

略有遗憾的是，基于以上逻辑的研究只是从共同体建构的角度去探索社会治理的逻辑，从理论角度而且具有一定的局限性，对于共同体逻辑不能解释的部分还有待仔细观察和研究。但是，面向新时代，社会治理共同体正在成为越来越多人的共识，只要坚持“共同体”的理念和实践，必将能使中国特色社会主义治理在新时代取得更大的成就。